Silvia Möller

Drei Freunde lösen den Weihnachtsfall

Ein Krimi-Adventskalender mit 24 Rätseln

Illustrationen von Angela Holzmann

Kaufmann Verlag

1. Dezember

Verbrecher sind nicht fair

„Das kann nicht sein! Lukas muss seine Mutter falsch verstanden haben, ganz bestimmt sogar. In zwei Wochen ist schließlich Weihnachten und bis dahin müssen sie noch alle zusammen Strohsterne für den Tannenbaum basteln, Adventslieder singen und Kekse backen – so wie jedes Jahr.

Vorsichtig schielt Lukas zu Lena rüber. Seine kleine Schwester sitzt neben ihm am Küchentisch und schaut genauso entsetzt aus der Wäsche wie er.

Mist! Lukas hat sich also doch nicht verhört. Seine Mutter hat ihnen gerade beim Abendbrot erzählt, dass sie in nächster Zeit wahrscheinlich noch mehr und länger arbeiten muss als sonst. Dabei hat sie auch schon so einen ziemlich anstrengenden und manchmal auch gefährlichen Job. Sie ist nämlich bei der Kriminalpolizei. Eigentlich sind Lukas und Lena deshalb auch mächtig stolz auf ihre Mama. Nur wenn sie abends wieder einmal so spät von der Arbeit nach Hause kommt, dass die beiden schon längst in ihren Betten liegen und schlafen, findet Lukas ihren Job blöd. Leider kommt das in letzter Zeit gar nicht so selten vor. So wie heute zusammen mit Mama und Papa Abendbrot zu essen, ist für Lena und Lukas eher eine Ausnahme als die Regel.

„Aber Heiligabend hast du doch frei?", fragt Lena nun beunruhigt.

„Das kann ich dir nicht versprechen, mein Schatz", antwortet ihre Mutter und seufzt. Dabei sieht sie selbst ganz unglücklich aus. „Es tut mir so leid, wirklich. Aber ich bin nun mal die Chefin meiner Abteilung und muss mit gutem Beispiel vorangehen."

„Das ist ungerecht!", brummt Lukas und zieht wütend die Stirn kraus.

„Da hast du recht, Großer", meint seine Mutter mitfühlend. „Aber Verbrecher verhalten sich leider nie fair, sonst wären sie ja keine."

„Was ist denn so furchtbar Schlimmes passiert?", will Lukas wissen. Seine Mutter zögert einen Augenblick. „Gestern sind zwei Verbrecher aus einem Gefängnis hier in der Nähe ausgebrochen", erzählt sie schließlich mit ernster Miene. „Richtig gerissene Typen, die viele Tresore geknackt haben, bevor wir sie schnappen konnten."

„Und die sind hier bei uns untergetaucht?", hakt Lukas nach.

„Davon gehen wir aus. Ihr letzter großer Raubüberfall war vor knapp zwei Jahren. Sie haben die Stadtsparkasse am Marktplatz überfallen und rund eine halbe Million Euro gestohlen", erklärt ihre Mutter. „Kurz darauf haben wir sie festgenommen. Allerdings fehlt von der Beute bis heute jede Spur."

„Die haben das Geld hier irgendwo in der Stadt versteckt!", ruft Lena aufgeregt.

🌲 1. Dezember

Ihre Mutter nickt. „Ganz genau, das denken wir auch! Bestimmt wollen die beiden die Beute erst mal holen, bevor sie sich aus dem Staub machen. Deshalb sind alle verfügbaren Polizisten im Einsatz und das rund um die Uhr. Wir schnappen die Kerle schon!"

„Und bis sie gefasst sind, werde ich Mama hier zu Hause würdevoll vertreten", verspricht Papa da und zwinkert Lena und Lukas aufmunternd zu. „Wir schaffen das schon!"

Lukas' und Lenas Vater ist Schriftsteller und erfindet spannende Abenteuer für Kinder. Daher kann er sich seine Zeit frei einteilen. „Wir werden basteln, Kekse backen und eine tolle Zeit haben."

„Oje! Bloß nicht!", denkt Lukas und schüttelt sich. Er kann sich noch sehr gut daran erinnern, wie Papa, Lena und er seiner Mutter zum Geburtstag einen Zitronenkuchen gebacken haben. Am Ende war die Küche voller Qualm, der Kuchen hatte die Farbe von Zartbitter-Schokolade und fürchterlich gestunken. Sie hatten ihn dann ganz schnell weggeschmissen und beim Bäcker um die Ecke eine Erdbeertorte gekauft.

„Du musst die beiden Verbrecher bitte ganz schnell fangen", wünscht sich Lukas.

 **Rätsel**

Die Buchstaben neben den richtigen Antworten ergeben ein adventliches Lösungswort:

1. Wo arbeitet Lukas' und Lenas Mutter?

   A Bei der Feuerwehr
   I Beim Rettungsdienst
   K Bei der Kriminalpolizei

2. Was wollen die Kinder noch für den Tannenbaum basteln?

   C Papierweihnachtsengel
   E Strohsterne
   S Holzschneemänner

3. Wie viele Verbrecher sind aus dem Gefängnis ausgebrochen?

   S Einer
   K Zwei
   A Vier

4. Was haben der oder die Verbrecher vor knapp zwei Jahren überfallen?

   S Die Stadtsparkasse
   B Das Juweliergeschäft
   R Das Museum

5. Was macht Lenas und Lukas' Vater beruflich?

   T Er ist Arzt.
   U Er ist Lehrer.
   E Er ist Schriftsteller.

LÖSUNGSWORT:

Lösung siehe S. 146

7

2. Dezember

🎄 noch 22 Tage bis Weihnachten 🎄

Eine coole Idee

Ganz bestimmt wird seine Mutter die Verbrecher schnappen, da ist sich Lukas sicher. Schließlich ist sie eine tolle Polizistin! Aber ob sie das auch bis Heiligabend schafft?

Lukas seufzt. „Wenn nicht, dann wird sie auf jeden Fall Weihnachten arbeiten müssen", denkt er und kaut auf seinem Füller herum. „Auch wenn Papa natürlich alles versuchen würde, damit es trotzdem ein schönes Fest wird."

Sie würden zusammen den Weihnachtsbaum schmücken – auch ohne Mama –, Papa würde Gans mit Rotkohl und Klößen kochen und am Abend die Glocke zur Bescherung läuten.

„Trotzdem! Heiligabend ohne Mama wäre einfach so furchtbar traurig", denkt Lukas.

„Hey, junger Mann, träumst du?" Lukas schreckt hoch und schaut direkt in das fragende Gesicht von Frau Kerner, der Mathematiklehrerin der 3b.

„Ich … äh … tut mir leid", stammelt Lukas verlegen und läuft sofort knallrot an.

„Du bist doch sonst immer voll bei der Sache", wundert sich Frau Kerner.

Das stimmt allerdings! Mathe ist immerhin Lukas' absolutes Lieblingsfach und Frau Kerner eine klasse Lehrerin.

„Entschuldigung", sagt er deshalb schnell und nimmt sich ganz fest vor, ab jetzt besonders gut aufzupassen. Aber das ist gar nicht so leicht, wenn man traurig ist.

Zum Glück dauert die Stunde nur noch wenige Minuten. Dann ist endlich Pause.

„Hey, alles klar bei dir?" Paul steht neben Lukas auf dem Schulhof und mustert seinen besten Freund von oben bis unten. „Du bist heute schon den ganzen Morgen so komisch."

Lukas schüttelt den Kopf. „Es könnte sein, dass wir Weihnachten ohne meine Mutter feiern müssen", murmelt er schließlich bedrückt.

„Was? Wieso das denn?" Paul schaut Lukas mit großen Augen fragend an. „Ist deine Mutter etwa krank? Muss sie ins Krankenhaus?" Er macht eine kurze Pause. „Oder haben deine Eltern sich auch gestritten, so wie meine? Lassen sie sich nun scheiden?", fährt er leise fort.

Vor zwei Jahren hat er das selbst erlebt. Seine Eltern haben sich getrennt und sein Vater ist in eine andere Stadt gezogen. Das war eine sehr schwierige Zeit, in der Paul viel geweint hat. Zum Glück war Lukas immer an seiner Seite und hat ihn getröstet. Jedenfalls feiert er seitdem Heiligabend immer zusammen mit seiner Mutter und Oma und fährt dann am ersten Weihnachtstag zu seinem Vater. Paul findet das mittlerweile ganz okay, obwohl es ihm natürlich viel lieber wäre, sie würden wieder alle zusammen feiern.

„Nein, keine Panik!", beruhigt Lukas ihn. Schnell erzählt er Paul von den beiden Ausbrechern und dass seine Mutter als zuständige Einsatzleiterin nun jede Menge Sonderschichten schieben muss.

„So lange, bis die beiden wieder im Gefängnis sitzen."

„Dann müssen wir sie bei der Verbrechersuche unterstützen!", bestimmt Paul da. „Ist doch klar!"

„Und wie? Wir sind schließlich noch Kinder", meint Lukas skeptisch. „Na, als Erstes schauen wir mal in die Zeitung. Dort steht bestimmt etwas über die beiden, was uns weiterhilft", meint Paul lässig. „Das ist kein bisschen gefährlich! Danach suchen wir im Internet noch nach weiteren Informationen."

„Eine Tageszeitung haben wir nicht", meint Lukas nachdenklich und zieht die Stirn kraus. „Und an den Computer von meinem Vater darf ich nicht. Schließlich schreibt er darauf seine Geschichten und einen eigenen hab ich leider noch nicht." Lukas seufzt. Ein Laptop ist sein absoluter Herzenswunsch, weshalb dieser auch ganz oben auf seinem Wunschzettel steht.

„Aber ich habe einen. Ich habe dir doch neulich erzählt, dass mein Vater mir seinen alten geschenkt hat", sagt Paul und tippt Lukas gegen die Stirn.

„Stimmt", erinnert sich Lukas und seine Augen beginnen zu funkeln. „Cool!"

„Finde ich auch", lacht Paul. „Also treffen wir uns nachher bei mir. So gegen drei?"

Lukas nickt. „Einverstanden."

 **Rätsel**

Richtig oder falsch?

1. Lukas' Vater kocht an Weihnachten Kartoffelsalat mit Würstchen.

   richtig   falsch

2. Mathe ist Lukas' Lieblingsfach.

   richtig   falsch

3. Lukas' bester Freund heißt Paul.

   richtig   falsch

4. Paul verbringt Heiligabend mit seinem Vater.

   richtig   falsch

5. Lukas und Paul wollen im Internet nach Informationen über die Verbrecher suchen.

   richtig   falsch

Lösung siehe S. 146

13

3. Dezember

Babysitter wider Willen

Als Lukas von der Schule nach Hause kommt, wird er schon sehnsüchtig erwartet.

„Gut, dass du da bist, mein Großer", schnauft sein Vater und wischt sich die Hände an einem Küchentuch ab. „Die Spaghetti sind auch gleich fertig."

Lukas reckt die Nase in die Luft und schnuppert. Mmhhh, es riecht köstlich nach Papas weltbester Käse-Sahne-Soße. Lecker! Also im Kochen verdient sein Vater eine glatte Eins, findet Lukas. Wenn das mit dem Backen doch auch nur so gut klappen würde …

„Und nach dem Essen musst du mir helfen, ja?", fährt sein Vater fort, während er die Nudeln in eine Schüssel füllt. „Ich habe vorhin einen Anruf von meinem Verleger bekommen. Er braucht die neue Geschichte nun doch schon nächste Woche. Das heißt, ich muss die nächsten Tage durchschreiben und kann mich nicht um Lena kümmern."

Lukas schluckt. Er hat doch selbst keine Zeit. Schließlich befindet er sich auf Verbrecherjagd.

„Was soll ich denn machen?", fragt er deshalb wenig begeistert.

„Um vier Uhr findet in Sankt Nikolaus die nächste Probe für das Krippenspiel statt", erklärt sein Vater. „Du musst Lena dorthin bringen, bitte."

„Ich spiele nämlich einen Engel", ruft Lena da und kommt mit ausgebreiteten Armen in die Küche gesaust. „Mit großen goldenen Flügeln." Sie strahlt über das ganze Gesicht.

„Aber ich bin um drei Uhr mit Paul verabredet", protestiert Lukas. „Wir müssen zusammen etwas wirklich Wichtiges recherchieren.

Kann Lena nicht alleine gehen? Es sind doch nur ein paar Straßen bis zur Kirche."

„Deine Schwester ist erst fünf Jahre alt!", erwidert Lukas' Vater ernst und schüttelt den Kopf. „Nein, das geht nicht! Außerdem ist es um vier Uhr schon fast dunkel."

„Biiiiitte, Lukas, ich muss unbedingt zur Probe!" Lena setzt ihren viel geübten Dackel-bettelt-um-die-Wurst-Blick ein und klimpert heftig mit den Wimpern.

„Okay, wie wäre es denn, wenn du Lena erst mal um drei mit zu Paul nimmst?", versucht es sein Vater nun mit einem Kompromiss. „Dann geht ihr von dort aus zur Kirche. Die Strecke ist ungefähr dieselbe und Paul mag Lena doch."

„Oh ja, super!" Lena ist sofort Feuer und Flamme. „Wir nehmen Paul mit und er wird ein König. Wir haben nämlich erst zwei."

Lukas rollt genervt mit den Augen. „Wer sagt denn, dass Paul mitkommt?! Vielleicht will er ja überhaupt nicht in deinem doofen Krippenspiel mitmachen", motzt er.

„Du bist blöd, nicht das Krippenspiel", schnauzt Lena wütend zurück und ihre Augen beginnen verdächtig zu glänzen.

„Lukas, du bringst Lena zur Kirche und damit basta!", beendet ihr Vater den Streit.

„Och, Mann!" Lukas verschränkt die Arme vor der Brust und schmollt.

„Während der Probe kannst du dir ja mit Paul eine Tüte gebrannte Mandeln auf dem Weihnachtsmarkt kaufen", macht sein Vater ihm schließlich ein Friedensangebot. „Die bezahle ich euch natürlich."

Lukas seufzt. „Okay, meinetwegen."

⟁ 3. Dezember

„Wusste ich doch, dass ich mich auf dich verlassen kann." Lukas'
Vater wuschelt ihm sichtlich erleichtert durchs Haar. „Ihr habt eine
Stunde Zeit. Dann müsst ihr Lena wieder abholen."
„Schon klar", meint Lukas und verdreht die Augen. Auch wenn sei-
ne kleine Schwester ihm manchmal gehörig auf die Nerven geht,
würde er sie doch nie in einer Kirche vergessen.

Buchstabensalat: Hier haben sich fünf Begriffe versteckt. Findest du sie? Die Wörter können vorwärts und rückwärts und sowohl waagrecht als auch senkrecht verlaufen.

Suche die folgenden Wörter: Probe, Engel, Kirche, Lena, Mandeln

A	E	F	I	T	H	V	B	J	O
I	H	B	U	J	M	A	N	E	L
R	C	D	W	S	A	K	N	M	P
H	R	B	K	D	N	I	B	P	S
A	I	W	Z	U	D	J	N	R	C
I	K	P	A	Z	E	F	F	O	S
L	O	I	D	V	L	A	Y	B	I
E	N	G	E	L	N	I	H	E	T
F	U	I	N	K	A	N	E	O	L

Lösung siehe S. 146

4. Dezember

Lauter kleine Geheimnisse

Nach dem Essen hat Lukas sich sofort an seine Hausaufgaben gesetzt und mächtig beeilt. So sind um halb drei nicht nur alle Matheaufgaben erledigt, auch der Aufsatz in Deutsch ist fertig. Er handelt von einem falschen Weihnachtsmann, der die Menschen bestiehlt, anstatt ihnen Geschenke zu bringen, und ist megaspannend. Okay, wenn Lukas ehrlich ist, hat er sich die Geschichte nicht ganz selber ausgedacht, sondern die Idee einfach von seinem Vater geklaut.

„Aber wenn man keine Zeit hat, weil man ganz dringend fiese Verbrecher fangen muss, dann darf man das", versucht Lukas sein schlechtes Gewissen zu beruhigen. „Außerdem wird es Frau Blum bestimmt gar nicht auffallen. Papa hat schon so viele Geschichten geschrieben, die kann sie unmöglich alle kennen."

Schnell packt er Bücher und Hefte zurück in den Ranzen und stürmt zur Garderobe.

„Lena, bist du fertig? Wir müssen los!", ruft er, während er selbst in seine warmen Stiefel schlüpft.

Keine Reaktion! Lukas stutzt und läuft dann schnurstracks zu Lena ins Zimmer. Dort hockt seine Schwester auf dem Boden und klebt vorsichtig Glitzersternchen auf ein Blatt Papier.

„Hey, du kannst doch nicht einfach so reinkommen", beschwert sie sich prompt. „Ich bastle Weihnachtsgeschenke. Du hast echt Glück, dass das hier nicht deins ist. Sonst wäre die ganze Überraschung jetzt futsch."

Upps! Daran hat er gar nicht gedacht. Schließlich hat im Advent ja jeder so seine kleinen Heimlichkeiten, Lukas auch. Jedenfalls dürfte Lena im Augenblick nicht unter sein Bett schauen, sonst würde sie dort das kleine Plüschpferdchen entdecken, das Lukas schon vor Wochen im Spielzeugladen um die Ecke gekauft hat. Es ist wunderschön, hat ein ganz weiches weißes Fell und eine lange schwarze Mähne. Lena wird sich bestimmt riesig darüber freuen, da Pferde ihre absoluten Lieblingstiere sind.

„Entschuldige!", murmelt er deshalb etwas verlegen.

„Schon gut! Das hier ist übrigens für Mama", erklärt Lena da und präsentiert Lukas stolz ihr Kunstwerk. Dafür hat sie mehrere alte Briefumschläge gesammelt und sie zu einem Block aneinandergetackert. Auf das Deckblatt hat sie das sorgfältig glatt gestrichene Einwickelpapier eines Schokoengels geklebt und drum herum ganz viele Glitzersterne.

„Der Engel steckte heute Morgen in meinem Adventskalender", erzählt Lena.

Lukas nickt wissend. „In meinem war auch einer."

„Meinst du, Mama wird sich darüber freuen?"

„Ganz bestimmt sogar!", antwortet Lukas sichtlich beeindruckt. Wo nimmt seine kleine Schwester nur immer ihre Ideen her? Seine Mutter sucht so oft nach einem Stück Papier, um schnell mal etwas Wichtiges aufzuschreiben, vor allem dann, wenn ein Kollege von der Dienststelle aus anruft. Nun hat sie gleich einen ganzen Block, den sie sich neben das Telefon legen kann – und der sieht auch noch hübsch aus. „Aber jetzt müssen wir wirklich los."

„Was machen wir eigentlich bei Paul?", fragt Lena, während sie ihren Anorak holt.

„Wir müssen etwas ganz Wichtiges herausfinden", antwortet Lukas. „Das klingt aber spannend!", findet Lena und ist auch schon durch die Tür verschwunden.

Rätsel

In die folgenden Sätze haben sich einige zusätzliche Buchstaben eingeschlichen. Finde die Fehler und du erhältst das Lösungswort.

„Wo nimmgt seine kleine Schwester nur immer ihre Ideeln her? Seine Mutter suchti so oft nach eintem Stück Papier, um schnell mal eztwas Wichtiges aufzuschreiben, vor allem daenn, wenn ein Kolleger von der Dienststeslle aus anruft. Nun hat site gleich einen ganzen Blocke, den sie sich nebren das Telenfon legen kann – und der sieht auch noch hüebsch aus."

LÖSUNG:

— — — — — — — — — — — — —

Lösung siehe S. 146

5. Dezember

noch 19 Tage bis Weihnachten

Narbengesicht und Hakennase

In Windeseile flitzen Lukas und Lena die Kastanienstraße entlang und biegen dann in den Eichelweg. Jetzt müssen sie nur noch bis zum Haus mit der Nummer 7.

„Hier ist es!", schnauft Lukas völlig aus der Puste, während Lena sich die stechende Seite hält. Dabei glühen ihre Wangen feuerrot.

„Klingel doch endlich", keucht sie.

Lukas verdreht die Augen und streckt seinen Zeigefinger aus. Da wird die Haustür bereits von innen aufgerissen und Paul erscheint.

„Da bist du ja", ruft er fröhlich. Dann entdeckt er Lena und stutzt. „Ist deine Schwester nicht noch ein bisschen zu klein für 'ne Verbrecherjagd?"

„Wir jagen einen Verbrecher?", fragt Lena mit großen Augen. „Wen denn?"

Mist, jetzt ist es raus! Lukas hatte eigentlich gehofft, er könnte Lena etwas vormachen von wegen Infos für den Sachkundeunterricht oder so.

„Nicht einen, sondern zwei", erklärt er ihr schließlich. „Du weißt schon, die beiden Ausbrecher, von denen Mama erzählt hat. Aber erst mal suchen wir nur in der Zeitung und im Internet nach Informationen. Das ist alles, keine große Sache", winkt Lukas ab und wendet sich dann an Paul. „Dabei kann Lena ruhig mithelfen."

„Stimmt auch wieder", sagt Paul und zieht Lukas und Lena ins Haus. „Ich habe mal nachgeschaut. In der Zeitung von heute steht ein Bericht über die beiden Ausbrecher", erzählt er aufgeregt.

Die drei verschwinden in Pauls Zimmer.

„Hier, schau mal." Er reicht Lukas die entsprechende Seite.

„Sogar mit Bildern", freut Lukas sich. „Auf dem hier trägt einer der Verbrecher einen Vollbart und hat dunkelbraune Haare, der andere blonde, lockige", stellt Lukas zufrieden fest.

„Das taugt nichts. Haare kann man färben und einen Bart abrasieren", gibt Paul zu bedenken.

„Doch eine fette Narbe lässt sich nicht so einfach verstecken", meint Lukas und zeigt auf den Mann mit den blonden Locken. „Immerhin geht sie einmal quer über die rechte Wange."

„Die sieht gruselig aus!", findet Lena und schüttelt sich.

Lukas nickt. „Aber daran können wir ihn eindeutig erkennen", ist er sich sicher. „Außerdem hat der andere voll die riesige Hakennase, seht ihr."

„Und was steht da?", fragt Lena neugierig und zeigt auf den Text neben dem Bild.

Als Vorschulkind kann sie zwar schon ein bisschen lesen, aber die Wörter hier sind zum Teil sehr schwierig und die Schrift ist viel zu klein. Deshalb liest Lukas vor: „Karl-Heinz Brummer und Eduard Meise sind beide 54 Jahre alt. Meise ist 1,90 Meter groß und schlank. Brummer hat eine eher untersetzte Figur und ist mit 1,72 Metern etwas kleiner als sein Komplize. Beide trugen bei ihrem Ausbruch die übliche Gefängniskleidung, bestehend aus einem grauen Parka, blauem Hemd sowie einer blauen Hose, siehe kleines Foto oben rechts."

„Das ist das hier", unterbricht Lena ihren Bruder und tippt auf das entsprechende Bild. „Die Jacken sind aber hässlich!"

„Ausbrecher tragen halt selten rosa", neckt Lukas sie und legt die Zeitung beiseite. Lena streckt ihrem großen Bruder die Zunge raus.

Lukas grinst. „Jetzt schauen wir noch im Internet nach", schlägt er dann vor.

„Einverstanden!" Paul fährt den alten Laptop seines Vaters hoch und gibt die drei Wörter „Ausbruch", „Gefängnis" und „Bankräuber" in die Suchmaschine ein. Das Programm liefert mehr als 15.000 Treffer.

„Die können wir doch niemals alle durchsehen", stöhnt Lukas entsetzt und wirft einen Blick auf seine Armbanduhr. „Wir haben eh nur noch ein paar Minuten Zeit!"

„Warum?", wundert sich Paul.

„Weil ich Lena um kurz vor vier zur Krippenspielprobe in die Kirche Sankt Nikolaus bringen muss", erklärt Lukas und seufzt. „Mein Vater muss arbeiten und hat keine Zeit."

„Ah, deshalb hast du Lena mitgebracht", vermutet Paul jetzt.

Lukas nickt.

 **Rätsel**

Lukas hat sich ein kleines Rätsel ausgedacht. Kannst du es lösen?

1. Was haben Lukas und Paul vor? Eine …

V		¹		E		H		R		⁶			D

2. Wo hat Paul einen Bericht über die beiden Ausbrecher gefunden? In der …

			T	⁷		G

3. Einer der Ausbrecher trägt einen …

V				²	R	

4. Der andere hat etwas im Gesicht. Eine …

	⁵		E

5. Wohin muss Lukas Lena bringen? Zur …

⁴		P		³	S				R	⁸	E

LÖSUNGSWORT:

¹	²	³	⁴	⁵	⁶	⁷	⁸

Lösung siehe S. 147

6. Dezember

⛄ noch 18 Tage bis Weihnachten ⛄

Manchmal kommt es anders

„Ich muss meine Schwester jetzt jedenfalls erst mal zur Krippenspielprobe bringen", erklärt Lukas und seufzt. Dabei würde er viel lieber mit Paul weiter nach Infos über die beiden Verbrecher suchen. „Kommst du mit? Während Lena probt, können wir uns auf dem Weihnachtsmarkt gebrannte Mandeln kaufen. Mein Vater hat mir Geld mitgegeben", sagt er hoffnungsvoll.

„Abgemacht!", lacht Paul. „Klar bin ich dabei. Lass mich nur noch schnell das Bild der beiden Typen aus der Zeitung ausschneiden. Dann können wir es überall mit hinnehmen und haben sofort einen Vergleich, wenn wir einen Verdächtigen sehen."

„Super Idee!", ruft Lukas begeistert.

Paul holt eine Schere und legt los, während Lukas neben ihm ungeduldig auf die Uhr starrt.

„Beeil dich!", drängelt er schließlich. „Wir haben nur noch zehn Minuten."

Schnell steckt Paul den Artikel in die Hosentasche und die drei flitzen los. Sie laufen die Goethestraße hinunter, biegen in den Theaterweg ein, sausen einmal quer über den Marktplatz, auf dem in der Adventszeit der Weihnachtsmarkt steht, und betreten schließlich um Punkt vier Uhr die Kirche.

„Geschafft", schnauft Lukas erleichtert und Lena grinst zufrieden.

„Wow! Der ist ja riesig", staunt Paul und zeigt auf einen Esel aus Pappmaschee, der vorne rechts neben dem Altar steht.

„Das ist Emil. Wir haben ihn im Kindergarten gebastelt", erzählt Lena stolz. „Oskar kommt auch noch. Der muss aber erst noch ein bisschen trocknen."

„Oskar ist ein Ochse?", vermutet Lukas.

„Logisch!", meint Lena und schaut sich suchend um.

In den ersten Bankreihen sitzen bereits viele Kinder mit ihren Eltern und warten aufgeregt darauf, dass die Probe anfängt.

„Da sind Katja und Chris", ruft Lena erfreut und läuft zu ihren Kindergartenfreunden.

„Super!", freut sich Lukas. „Dann können Paul und ich ja jetzt auf den Weihnachtsmarkt."

Da taucht plötzlich Pfarrer Kanz hinter ihnen auf.

„Hallo, ihr zwei! Toll, dass ihr mitspielen wollt!", begrüßt er sie sichtlich erleichtert. „Ich brauche nämlich ganz dringend einen neuen Josef. Nils hat sich leider das Bein gebrochen und fällt aus." Er schaut erwartungsvoll von Lukas zu Paul. „Außerdem fehlt uns noch ein dritter König."

Lukas schüttelt entsetzt den Kopf. Das ist ein Missverständnis! Sie haben keine Zeit, sie müssen doch Verbrecher jagen. Außerdem hat er überhaupt keine Lust, beim Krippenspiel mitzumachen. Das ist doch nur etwas für Babys!

„Ähm, Pfarrer Kanz …", beginnt er deshalb, doch Paul knufft seinen Freund einmal kräftig in die Seite.

„Wir spielen gerne mit", sagt er stattdessen.

Lukas fallen fast die Augen aus dem Kopf. Was hat Paul da gerade gesagt? Völlig überrascht starrt er seinen Freund an und bekommt erst mal keinen Ton mehr heraus.

„Klasse! Es geht auch gleich los", verspricht Pfarrer Kanz und zwinkert den beiden fröhlich zu. Dann geht er nach vorne, um die anderen Kinder mit ihren Eltern zu begrüßen.

„Sag mal, spinnst du?!", zischt Lukas wütend, als der Pfarrer außer Hörweite ist. „Wir können nicht beim Krippenspiel mitmachen!"

☖ 6. Dezember

„Aber Pfarrer Kanz braucht doch ganz dringend einen Josef", meint Paul da.

„Na und!", mault Lukas und verschränkt trotzig die Arme vor der Brust.

„Ich wollte schon immer mal der Josef sein", gibt Paul nun zu und wird leicht rot. „Das wäre jetzt die Gelegenheit. Biiiiiitte."

Mist! Paul kann genauso treuherzig gucken wie Lena.

Lukas seufzt. „Na gut, meinetwegen", brummt er schließlich.

„Danke, du bist super!", jubelt Paul und boxt Lukas freundschaftlich in die Seite.

Rätsel

Ordne die Buchstaben!

Wohin wollen Lukas und Paul gehen, während Lena probt?
Auf den …

☐☐☐☐☐☐☐☐☐☐☐☐☐☐☐☐☐

WHEINTSAHCMKTAR

Was steckt Paul noch in seine Hosentasche, bevor sie losgehen?
Den …

☐☐☐☐☐☐☐

RIATKLE

Wer ist Emil? Ein gebastelter …

☐☐☐☐

SELE

In den Bankreihen sitzen viele …

☐☐☐☐☐☐

LTEREN

Wen soll Paul im Krippenstück spielen?

☐☐☐☐☐

OJSFE

Lösung siehe S. 147

7. Dezember

🎄 noch 17 Tage bis Weihnachten 🎄

Interessante Neuigkeiten

Eine knappe Stunde später verlassen Lukas, Paul und Lena die Kirche wieder. In den Händen halten sie ihren Text und einen zweiten Zettel mit den weiteren Probenterminen. Paul und Lena sind überglücklich mit ihren Rollen als Josef und Engel und strahlen über das ganze Gesicht. Nur Lukas kann es immer noch nicht glauben, dass er jetzt wirklich einen König spielen wird.

„Wie konnte ich mich nur dazu überreden lassen …", brummt er ungläubig.

Auf dem Weihnachtsmarkt an der Kirche herrscht mittlerweile reges Treiben. Die meisten Besucher drängen sich vor der großen Bühne, neben der wie in jedem Jahr ein großer Tannenbaum aufgestellt wurde. Dort singt gerade ein Jugendchor mit viel Schwung „Let it snow".

„Das wäre schön", murmelt Lukas gedankenversunken. Schließlich ist bisher noch keine einzige Flocke vom Himmel gefallen.

„Was denn?", will Lena wissen.

„Hä?"

„Na, was wäre schön?", wiederholt Lena und schaut Lukas fragend an.

„Wenn wir bald Schlitten fahren könnten", antwortet Lukas.

„Das stimmt!", meint Lena und schaut sehnsuchtsvoll nach oben. „Meint ihr, die dunklen Wolken dort bringen Schnee?"

„Schon möglich." Paul zuckt mit den Schultern. „Vielleicht lassen sie es auch nur ganz doll regnen."

„Dann müssen wir uns beeilen", erklärt Lena ernst. „Ich will nicht, dass mein Text nass wird."

„Nee, ist klar. Schnee ist ja hingegen staubtrocken", murmelt Lukas spöttisch und verdreht die Augen. Was für eine Logik! „Als ob man von Schnee nicht auch nass wird. Okay, auf geht's."

Die drei laufen los und finden sich wenig später in einer Schlange vor dem Stand mit den gebrannten Mandeln wieder. Direkt vor Lukas, Paul und Lena steht ein älteres Paar, das sich lebhaft unterhält.

„Wenn ich es dir doch sage! Jemand hat die beiden Ausbrecher hier auf dem Weihnachtsmarkt gesehen", erzählt die Dame aufgeregt.

Die drei halten gespannt den Atem an und lauschen.

„Und woher weißt du das?", fragt ihr Begleiter skeptisch.

„Na, von Frida", antwortet die Frau. „Ihr Mann ist doch bei der Polizei."

Paul wirft Lukas einen vielsagenden Blick zu. Lukas nickt. Das ist wirklich höchst interessant.

„Meine Mutter hat also recht! Die Verbrecher sind noch in der Stadt", flüstert er Paul ins Ohr und seine Augen leuchten.

„Na, nun mal langsam, du Meisterdetektiv", bremst Paul seinen Optimismus. „Wer sagt denn, dass die Verbrecher jetzt immer noch hier herumhängen? Vielleicht hat der Zeuge die beiden auch schon vor zwei Tagen beobachtet und sie sind mittlerweile längst über alle Berge."

„Untergetaucht in einer anderen Stadt, das wäre noch viel cooler!", denkt Lukas. „Dann müssten die Polizisten dort den Fall über-nehmen, Mama wäre nicht mehr für die Verbrecherjagd zuständig und hätte wieder mehr Zeit für uns." Er lächelt. „Also, wenn die beiden wirklich weitergezogen sind, weiß meine Mutter das be-stimmt", erklärt er schließlich und nimmt sich fest vor, sie heute Abend danach zu fragen. Da ist Lukas endlich an der Reihe und kauft für alle gebrannte Mandeln.

„Hier, bitte." Er hält erst Paul, dann Lena die offene Tüte hin. Beide greifen beherzt zu.

„Mmhhh, lecker."

„Ich hab einen Tropfen abgekriegt", kreischt Lena plötzlich und versteckt ihren Text schnell unter ihrem Anorak.

„Dann nichts wie ab nach Hause", bestimmt Lukas und die drei sausen los.

Rätsel

Richtig oder falsch?

1. Lukas ist überglücklich, dass er nun im Krippenspiel einen König spielen wird.

   richtig   falsch

2. Auf der Bühne auf dem Weihnachtsmarkt findet gerade eine Turnvorführung statt, als die drei Kinder die Kirche verlassen.

   richtig   falsch

3. Lukas hofft, dass es bald schneit.

   richtig   falsch

4. Die Kinder erfahren, dass die Verbrecher auf dem Weihnachtsmarkt im Nachbarort gesehen wurden.

   richtig   falsch

5. Lukas teilt die gebrannten Mandeln mit Paul und Lena.

   richtig   falsch

Lösung siehe S. 147

8. Dezember

Was tun?

„Wann kommt Mama endlich?", murmelt Lukas. Er liegt in seinem Bett und versucht krampfhaft, die Augen aufzuhalten. „Es ist doch bestimmt längst zehn oder noch später."

Da hört er, wie jemand die Haustür aufschließt. Schnell schlüpft Lukas aus dem Bett und läuft in den Flur.

„Hallo, mein Schatz", begrüßt ihn seine Mutter und gibt ihm einen Kuss. „Warum schläfst du denn noch nicht?"

„Ich muss unbedingt noch etwas wissen", erklärt Lukas aufgeregt.

„So, und was?", erkundigt sich seine Mutter lächelnd.

„Jemand hat die Bankräuber auf dem Weihnachtsmarkt gesehen, stimmt's?", platzt es da aus Lukas heraus.

Seine Mutter stutzt. „Wie kommst du denn darauf?"

In wenigen Sätzen berichtet Lukas, was er, Lena und Paul am Nachmittag gehört haben.

„Das hat die Frau also gesagt", wiederholt seine Mutter nachdenklich. Lukas nickt heftig. „Und, stimmt das?", fragt er und seine Stimme überschlägt sich fast.

„Tatsächlich wollen mehrere Zeugen die Ausbrecher auf dem Weihnachtsmarkt gesehen haben", erklärt seine Mutter nun. „Deshalb haben wir unsere Streifen dort auch verdoppelt, bisher allerdings ohne Erfolg."

„Verflixter Mist!", brummt Lukas ärgerlich.

„Mach dir keine Sorgen. Früher oder später kriegen wir sie schon", verspricht seine Mutter und nickt Lukas aufmunternd zu.

„Früher wäre besser", murmelt er niedergeschlagen. „Bald ist Heiligabend."

„Ich weiß!", seufzt seine Mutter und nimmt Lukas in den Arm. „Meine Kollegen und ich tun wirklich alles, dass wir die Verbrecher bis dahin geschnappt haben!", versucht sie ihn zu trösten. „Aber jetzt geht's ins Bett. Morgen früh ist Schule."

„Okay!" Lukas trottet zurück in sein Zimmer, aber an Schlaf ist vorerst nicht zu denken.

„Wie können wir Mama bloß helfen?" Er grübelt hin und her, aber ihm fällt einfach nichts Brauchbares ein. „Auf jeden Fall sehen Paul und ich uns morgen auf dem Weihnachtsmarkt noch einmal um. Vielleicht entdecken wir ja etwas, was der Polizei bisher entgangen ist", denkt er schließlich und schläft hundemüde ein.

Gesagt, getan. Am nächsten Tag treffen sich Lukas und Paul nachmittags auf dem Weihnachtsmarkt. Natürlich ist auch Lena wieder dabei.

„Papa hockt die ganze Zeit sowieso nur vor seinem Computer. Das ist voll langweilig! Bei euch ist es da viel spannender", erzählt sie lachend.

„Aber auch gefährlicher", meint Lukas ernst. „Schließlich suchen wir zwei geflohene Bankräuber."

„Ach, wir passen schon auf", erklärt Paul lässig und zieht den Zeitungsausschnitt aus seiner Hosentasche. „Jetzt holen wir uns erst mal jeder einen Kinderglühwein und stellen uns vor dem Stand an einen der Tische. Von dort schauen wir uns die Leute, die an uns vorbeilaufen, mal genauer an – natürlich ganz unauffällig. Dieses Mal lade ich euch ein."

„Okay, dann mal los", ist Lukas einverstanden.

„Kann ich auch einen heißen Kakao haben?", fragt Lena schon im Gehen. „Ich mag nämlich keinen Glühwein."

„Na klar!", antwortet Paul und zwinkert ihr zu.

 Rätsel

Buchstabensalat: Hier haben sich fünf Begriffe versteckt. Findest du sie? Die Wörter können vorwärts und rückwärts und sowohl waagrecht als auch senkrecht verlaufen.

Suche die folgenden Wörter: Schatz, Zeugen, Kollegen, Polizei, Kakao

G	P	K	S	L	R	E	H	A	N	I
T	U	S	C	H	A	T	Z	H	E	E
A	L	I	T	S	U	M	P	J	G	E
B	E	U	D	H	N	K	A	S	U	C
S	I	E	Z	I	L	O	P	B	E	W
T	B	A	Y	M	W	L	O	P	Z	S
Q	Q	R	A	O	B	L	E	I	R	V
U	A	K	R	V	Q	E	W	G	I	U
W	D	F	B	K	R	G	Z	U	G	T
O	A	K	A	K	O	E	M	L	A	E
P	S	C	H	T	A	N	T	S	I	G

Lösung siehe S. 147

49

9. Dezember

Ein geheimnisvoller Fund

Leider war der Nachmittag ein echter Reinfall! Nachdem Lukas, Lena und Paul etwas getrunken haben, sind sie durch die engen Gassen zwischen den Buden hin und her gelaufen. Ganze zwei Stunden lang haben sie sich die Gesichter aller Männer angeschaut, die ihnen entgegenkamen. Nichts! Da war keiner, der auch nur annähernd so aussah wie einer der beiden Verbrecher auf dem Zeitungsfoto. Allerdings wimmelte es auf dem Weihnachtsmarkt auch nur so von Polizisten.

„Wir haben alle Straßen, Hinterhöfe und Keller rund um den Weihnachtsmarkt abgesucht, aber die Verbrecher scheinen wie vom Erdboden verschluckt!", erzählte dann auch Lukas' Mutter später, als sie während einer Dienstpause kurz zu Hause war. Dabei hatte sie ganz traurig und müde geguckt.

„Diese blöden Verbrecher!", denkt Lukas und kickt wütend einen Stein weg. Er ist mit Lena wieder auf dem Weg zur Krippenspielprobe. Als sie nun über den Weihnachtsmarkt Richtung Kirche gehen, schaut Lena zum Pferdekarussell rüber.

„Darf ich nachher mal fahren?", fragt sie sehnsuchtsvoll.

Lukas nickt. „Warum nicht? Ich hab noch ein bisschen von dem Geld übrig, was Papa mir gegeben hat. Das reicht gerade noch für eine Fahrt", meint er gönnerhaft.

„Super!", jubelt Lena und strahlt.

In der Kirche herrscht bereits reges Treiben. Auch Lenas Freundin Mia und ihre Mutter sind schon da. Lukas schaut sich suchend um. Wo steckt nur Paul? Pfarrer Kanz kann schließlich jeden Augenblick kommen und mit der Probe beginnen.

Da entdeckt Lukas ein blaues Stück Stoff, das hinter einer der großen Holzfiguren hervorlugt, die entlang der rechten Kirchenwand
stehen. Neugierig läuft er hin. Es ist ein Hemdsärmel! Er hängt
halb aus einer umgekippten Plastiktüte, in der sich auch noch eine
blaue Hose und ein grauer Parka befinden. Daneben steht noch
eine weitere Tasche mit gleichem Inhalt.

„Das gibt es doch gar nicht!" Lukas bekommt tellergroße Augen.
Er kann gar nicht fassen, was er da soeben gefunden hat. „Das ist
bestimmt die Gefängniskleidung, die die beiden Ausbrecher bei
ihrer Flucht anhatten", schießt es ihm durch den Kopf. Zur Sicher-
heit wird er sie gleich noch einmal mit dem Foto aus der Zeitung
vergleichen. Aber das trägt Paul in seiner Hosentasche mit sich
herum. Mensch, wo bleibt der denn bloß?

Da kommt Paul endlich in die Kirche gelaufen, zeitgleich mit Pfarrer Kanz.

Völlig aus der Puste und mit hochrotem Kopf winkt er Lukas rasch
zu.

„Gerade noch geschafft!", keucht er und hakt sich bei Christina
unter, die die Maria spielt.

Lukas verdreht die Augen und seufzt. Nun kann er Paul erst nach
der Probe von seinem außergewöhnlichen Fund berichten. „Der
wird vielleicht Augen machen! Und Lena auch."

Tatsächlich staunen die beiden nicht schlecht, als Lukas ihnen am
Ende der Probe die Tüten zeigt. Während die anderen Kinder gemeinsam mit ihren Eltern die Kirche verlassen, vergleichen die drei
die Kleidungsstücke mit dem Bild.

„Ich hatte recht", freut sich Lukas. „Das ist die Gefängniskleidung!"
„Wir müssen sofort Mama Bescheid sagen", platzt es aus Lena heraus.

Lukas nickt. „Vielleicht kann uns ja jemand sein Handy leihen", meint er und schaut sich suchend um. Doch mittlerweile ist außer ihnen niemand mehr in der Kirche.

„Auch kein Problem!", erklärt Paul lässig. „Auf dem Weihnachtsmarkt laufen schließlich genug Polizisten herum."

Schon rennt er los, Lukas und Lena hinterher.

 **Rätsel**

In die folgenden Sätze haben sich einige zusätzliche Buchstaben eingeschlichen. Finde die Fehler und du erhältst das Lösungswort.

„In der pKirche herrscht fbereits reges Treiben. Auch Lenase Freundin Miar und ihre Mudtter sind schon dae. Lukas schaut sich suchkend um. Wo stecakt nur Praul? Pfarrer Kanz kann suchließlichs jedesn Augenblicke kommeln und mit der Probel beginnen.“

LÖSUNG:

— — — — — — — — — — — — — — —

Lösung siehe S. 148

10. Dezember

noch 14 Tage bis Weihnachten

Verschwundene Beweismittel

Es dauert keine fünf Minuten, da haben die drei auch schon zwei Polizisten gefunden. Aufgeregt schildern sie, was sie soeben entdeckt haben. Die Beamten hören aufmerksam zu und folgen den Kindern schließlich in die nun menschenleere Kirche.

„Hier drüben hinter der Figur mit dem Stab und der komischen Mütze stehen …" Lukas stoppt und reibt sich erschrocken die Augen.

Die Tüten sind weg!

„Das gibt es doch gar nicht!", murmelt Paul nicht weniger überrascht.

„Die waren gerade noch da", jammert Lena entsetzt.

„Seid ihr euch denn ganz sicher, dass in den zwei Taschen wirklich Gefängniskleidung war?", hakt einer der Polizisten nach.

Paul nickt. „Sie sahen genauso aus wie auf dem Bild in der Zeitung."

Dass das Foto in seiner Hosentasche steckt, verschweigt er allerdings lieber. Sonst müsste er den beiden Beamten nämlich auch erzählen, dass sie auf Verbrecherjagd sind. Das würde ihnen bestimmt nicht gefallen.

Der Beamte schaut skeptisch. „Also ich glaube eher, ihr habt euch geirrt", vermutet er dann. „Viele Menschen tragen blaue Hosen und graue Jacken sind auch nicht gerade selten. Die Sachen, die ihr gefunden habt, gehörten bestimmt jemandem, der sein Kind zur Probe begleitet hat. Er hat sie währenddessen dort abgestellt, damit sie nicht im Weg rumstehen, und sie danach wieder mitgenommen. Könnte doch sein, oder?"

„Meinen Sie wirklich?", antwortet Lukas nachdenklich und zieht die Stirn kraus. „Aber …"

„Nicht traurig sein!", unterbricht ihn sein Kollege da und zwinkert den dreien aufmunternd zu. „Rund um die Kirche sind so viele Polizisten im Einsatz. Wenn die beiden Verbrecher hier auftauchen, schnappen wir sie. Darauf könnt ihr euch verlassen!"

Dann verabschieden sich die beiden Polizisten und die drei bleiben allein in der Kirche zurück.

„Ich bin mir absolut sicher, dass die Sachen den Verbrechern gehört haben", erklärt Lukas.

„Ich auch!", sagt Paul überzeugt und Lena nickt zustimmend.

„Und wisst ihr, was das heißt?" Lukas' Augen beginnen zu funkeln.

„Klar! Die beiden Bankräuber waren während der Probe in der Kirche", brummt Paul. „Und wir haben sie nicht erkannt, weil wir zu sehr mit unseren Rollen beschäftigt waren, verflixter Mist!"

„Ihr meint, die waren die ganze Zeit hier bei uns?", ruft Lena entsetzt und schüttelt sich. „Das ist ja gruselig!"

„Warum ‚waren'? Vielleicht sind sie ja immer noch hier", sagt Lukas.

„Was?!", quietscht Lena laut und wird schlagartig kreidebleich. Sie klammert sich an Lukas und schaut sich ängstlich um. „Ich will hier weg!"

„Ach, komm schon. Wir können uns doch wenigstens ein bisschen umschauen", bittet Lukas. „Vielleicht finden wir was."

„Oder jemanden?", meint Paul und grinst.

„Ihr spinnt doch!", erklärt Lena aufgebracht. „Also ich bleibe keine Sekunde länger hier!"

Schon flitzt sie aus der Kirche, Lukas und Paul hinterher. Schließlich können sie Lena nicht alleine durch die Stadt nach Hause laufen lassen, schon gar nicht im Dunklen.

Rätsel

Die Buchstaben neben den richtigen Antworten ergeben ein weihnachtliches Gewürz:

1. Wo hat Lukas die zwei Plastiktüten gefunden?

   A   Hinter einer Säule
   Z   Hinter einer Figur mit einem Stab
   T   Unter einer Kirchenbank

2. Wem wollen Lukas, Lena und Paul die gefundenen Tüten zeigen?

   T   Mias Mutter
   O   Pfarrer Kanz
   I   Der Polizei

3. Was befindet sich laut den Kindern in den zwei Taschen?

   W   Diebesgut
   M   Gefängniskleidung
   I   Weihnachtsgeschenke

4. Lukas und Paul denken, dass jemand während der Probe in der Kirche war. Wer?

   T   Die Bankräuber
   S   Lukas' und Lenas Mutter
   U   Pauls Vater

LÖSUNGSWORT:

Lösung siehe S. 148

11. Dezember

🎄 noch 13 Tage bis Weihnachten 🎄

Viel Aufregung um nichts

„Du bist ein Schisser!", schimpft Lukas, als sie Lena draußen vor der Kirche wieder eingeholt haben. „Das wäre unsere Chance gewesen, die Verbrecher zu schnappen." Er wirft seiner kleinen Schwester einen wütenden Blick zu.

„Lieber bin ich ein Angsthase als komplett blöd!", schnauzt Lena zurück und tippt sich mit dem Zeigefinger auf die Stirn. „Das sind Bankräuber! Die lassen sich bestimmt nicht von drei Kindern fangen!"

„Lukas und ich wollen die beiden doch nicht festnehmen", versucht Paul Lena zu beruhigen. „Wir möchten nur mal vorsichtig nachsehen, ob die Ausbrecher wirklich in der Kirche sind."

„Genau!", stimmt Lukas zu. „Vielleicht ist da ja auch gar keiner. Dann hast du dich ganz umsonst aufgeregt."

„Nur kurz schauen?", fragt Lena zaghaft.

Paul und Lukas nicken.

Lena beißt sich auf die Unterlippe und überlegt. „Na gut!", ist sie schließlich einverstanden. „Aber ich bleibe an der Tür stehen und wenn die Bankräuber euch was tun wollen …"

„… holst du Hilfe", vollendet Lukas den Satz. „Tolle Idee!"

Auf Lenas Gesicht zeigt sich ein kleines Lächeln.

„Also los, worauf warten wir noch?", meint Paul da.

Lena atmet noch einmal tief durch, dann folgt sie Lukas und Paul zurück in die Kirche.

Darin ist es mittlerweile ziemlich düster. Nur vorne im Eingangsbereich und in der Nische mit den vielen kleinen roten Kerzen, die man anzünden kann, wenn man etwas auf dem Herzen hat und betet, brennt noch Licht.

„Hier ist es unheimlich", jammert Lena leise. „Und mir ist schlecht!"

„In meinem Bauch tanzen auch tausend Ameisen Hip-Hop, weil ich so aufgeregt bin", gibt Lukas zu.

„Was ist Hip-Hop?", will Lena wissen.

„Da macht man voll die coolen Moves", erklärt Paul an Lukas' Stelle. „Ungefähr so."

Er hüpft zwei, drei Mal auf der Stelle und macht dabei mit dem Oberkörper komische Verrenkungen.

„Das sieht lustig aus!", kichert Lena.

„Hört sofort auf mit dem Quatsch!", zischt Lukas streng. „Wenn ihr so laut seid, hören die Bankräuber uns noch."

Prompt beginnt Lena wieder vor Angst zu zittern.

„Na super!", brummt Paul. „Jetzt hatte ich sie gerade ein bisschen aufgemuntert."

„'tschuldigung!", murmelt Lukas zerknirscht. Dann legt er tröstend den Arm um Lenas Schultern. „Keine Angst! Paul und ich gehen jetzt einmal bis zum Altar und wieder zurück – und dann sind wir drei auch schon wieder draußen, versprochen."

Lena nickt und hält gespannt den Atem an.

Rätsel

Ordne die Buchstaben!

Lena ist in Lukas Augen ein …

ASNGTSAHE

Die Kinder wollen noch einmal in der Kirche nach den Verbrechern suchen. Lena bleibt an der Tür stehen und holt im Notfall ….

ILFEH

In einer Nische leuchten viele kleine …

RZEKNE

Wer tanzt in Lukas Bauch Hip-Hop?

MEAISNE

Paul und Lukas wollen ein Stück in die Kirche hineingehen.
Bis wohin genau? Bis zum …

TLARA

Lösung siehe S. 148

12. Dezember

Eine neue Spur

Lukas und Paul verschwinden im Dunkeln der Kirche, während Lena direkt neben der Tür stehen bleibt, eine Hand immer am Griff. Da rumst es plötzlich dumpf. Erschrocken zuckt Lena zusammen und stößt einen schrillen Schrei aus.

„Alles in Ordnung, ich habe mich nur gestoßen", ruft Paul. „Hier hinten ist es stockduster. Eine Taschenlampe wäre nicht schlecht."

Lena schnappt nach Luft und versucht sich zu beruhigen.

„Ich kann auch nicht viel sehen", meint Lukas. „Lasst uns abbrechen. Das bringt so nichts."

Lena atmet erleichtert auf. Doch als sie wenig später in Lukas' enttäuschtes Gesicht sieht, tut er ihr schrecklich leid.

„Wir finden die Ausbrecher", macht sie ihm Mut. „Wirst sehen, Heiligabend sitzen sie längst wieder im Gefängnis und wir feiern alle zusammen Weihnachten – mit Mama!"

„Und wie?", fragt Lukas niedergeschlagen. „Wir haben immer noch keine richtige Spur."

„Doch, die haben wir", sagt Paul und grinst breit.

„Was?"

„Welche?"

Lukas und Lena starren Paul an, als hätte er sich gerade vor ihren Augen in den Meisterdetektiv Sherlock Holmes verwandelt.

„Die Gauner haben sich bestimmt von irgendwoher neue Klamotten besorgt", beginnt er zu erklären. „Ich kann mir nämlich kaum vorstellen, dass die beiden ab jetzt nackt durch unsere Stadt laufen. Und wenn ich mich richtig erinnere, stand doch auf den Tüten etwas von einer Reinigung."

„Du willst jetzt aber nicht alle Wäschereien in unserer Stadt ab-
klappern, oder?", fragt Lukas skeptisch dazwischen. „Das sind bestimmt einige."

„Nee, natürlich nicht. Aber auf den Tüten war doch auch noch ein
Logo", fährt Paul fort.

„Stimmt, die drei blauen Wassertropfen", erinnert sich Lena.

Paul nickt. „Vielleicht können wir ja herausfinden, zu welcher Reinigung die Tüten mit den Tropfen gehören."

„Prima Idee!", findet Lena.

Lukas zögert. „Du meinst, die beiden haben ihre neuen Sachen
wirklich aus einer Wäscherei? Vielleicht haben sie die Tüten auch
irgendwo gefunden und sie dann rein zufällig benutzt, um ihre
Gefängniswäsche zu entsorgen."

„Kann auch sein", gibt Paul zu. „Aber es ist zumindest eine Spur, die wir überprüfen sollten, findest du nicht?"

„Gut! Aber nicht mehr heute", ist Lukas einverstanden. „Lena und ich müssen jetzt dringend nach Hause."

„Dann machen wir eben morgen weiter", meint Paul.

Die drei verlassen die Kirche und laufen los. Doch weit kommen sie nicht.

„Seht mal, die beiden da drüben in der Nähe der Wurstbude", zischt Lukas plötzlich ganz aufgeregt. „Der eine ist groß und schlank, der andere ist dick, hat blonde Locken …"

Lena nickt. „Und in der Hand …"

„Eine Tüte mit der Aufschrift Reinigung und den drei blauen Wassertropfen", beendet Paul den Satz.

„Los, die schauen wir uns mal aus der Nähe an", schlägt Lukas vor.

 Rätsel

Paul hat sich ein kleines Rätsel ausgedacht. Kannst du es lösen?

1. Was hätte Paul in der dunklen Kirche gerne bei sich? Eine …

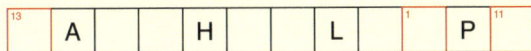

13					1		11
A		H		L		P	

2. Paul glaubt, dass die Verbrecher sich nach ihrem Ausbruch aus dem Gefängnis etwas besorgt haben, nämlich neue …

12		14		
	E	D		G

3. Auf den Plastiktüten war ein Logo zu sehen. Die Kinder glauben, es waren drei blaue …

		2		5			9	
W		S				O	F	

4. Lukas, Lena und Paul wollen am nächsten Tag ihren Verdacht überprüfen. Sie haben eine neue …

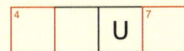

4		7
	U	

5. Doch vorher sehen sie an der Wurstbude zwei Personen. Sie erscheinen ihnen sehr …

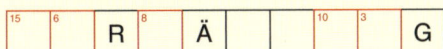

15	6		8		10	3	
		R	Ä			G	

LÖSUNGSWORT:

1	2	3	4	5	6	7	8	9	10	11	12	13	14	15

Lösung siehe S. 148

13. Dezember

🎄 noch 11 Tage bis Weihnachten 🎄

Auf den Fersen

Die beiden verdächtigen Männer stehen an einem kleinen Tisch in der Nähe der Bratwurstbude und lassen es sich schmecken.

„Das ist unsere Chance", flüstert Lukas.

Vorsichtig pirschen sich die drei Freunde heran. Paul holt den Zeitungsausschnitt aus seiner Hosentasche und vergleicht.

„Die Hakennase könnte stimmen."

„Und der andere versteckt seine Narbe bestimmt unter seinem dicken Schal", vermutet Lukas. „Deshalb schiebt er ihn auch immer nur ganz kurz zur Seite, wenn er in sein Würstchen beißt."

„Außerdem ist der eine dünn und groß und sein Kumpel korpodingsda", erklärt Lena. „Das passt auch."

„Mensch, Leute, ich glaube, wir haben sie!", freut sich Lukas wie ein Schneekönig.

Da entsorgen die Männer ihre Pappteller in einem Mülleimer und verschwinden in der Gasse zwischen Lebkuchenbude und Glühweinstand.

„Mal schauen, wo sie hingehen." Lukas läuft los, Paul und Lena hinterher.

Die Männer gehen an den großen Schaufenstern der Kaufhäuser vorbei, während Lukas, Lena und Paul ihnen mit sicherem Abstand folgen. Vor einem Elektrofachgeschäft bleiben die Männer kurz stehen und begutachten die Auslage. Sie scheinen sich für einen großen Flachbildfernseher zu interessieren. Schließlich schlendern sie weiter.

„Der ist aber teuer", stellt Paul fest, als er wenig später im Vorbeigehen einen kurzen Blick in das Fenster werfen kann.

„Mensch, die haben über eine halbe Million Euro geklaut", erklärt Lukas und verdreht die Augen. „Die können sich hundert davon kaufen und hätten immer noch genug Geld."

„Was wollen Bankräuber auf der Flucht mit so einem riesigen Gerät?", wundert sich Paul. „Das können die doch gar nicht mitnehmen."

„Deshalb wollen sie sich auch erst später so eins kaufen, wenn sie mit der Beute untergetaucht sind", vermutet Lukas.

„Für gesuchte Verbrecher sind die zwei da vorne aber auch ziemlich entspannt unterwegs", meint Paul. „Findest du nicht?"

Lukas zuckt mit den Schultern. Irgendwie hat Paul ja recht. Aber die Nase, die Haare, die Tüte …

In diesem Augenblick kommen zwei Frauen schwer bepackt aus einem der Einkaufscenter. Fröhlich winken sie den beiden Männern zu.

„Hallo Hans, hallo Martin, hier sind wir", ruft die eine lachend. „Wir haben alles."

Hans und Martin gehen zu den beiden Frauen rüber, begrüßen sie liebevoll und nehmen ihnen die Tüten ab. Dann schlendern sie gemeinsam davon.

Lukas steht da wie ein begossener Pudel und lässt den Kopf hängen. Er ist schrecklich enttäuscht.

„Hey, komm schon, ist doch nicht so schlimm." Paul knufft Lukas aufmunternd in die Seite. „Okay, dieses Mal haben wir uns geirrt, aber wir haben doch noch eine Spur!"

„Genau! Morgen finden wir die Reinigung und dann bestimmt auch bald die Bankräuber", erklärt Lena zuversichtlich.

Über Lukas' Gesicht huscht ein kleines Lächeln. „Na, wenn du das sagst!"

„Aber sie hat recht!", meint Paul. „Außerdem, aufgeben gilt nicht!"

Lukas nickt. „Das stimmt natürlich! Schließlich geht es um unser Weihnachtsfest." Dabei zwinkert er Lena zuversichtlich zu.

Rätsel

In die folgenden Sätze haben sich einige zusätzliche Buchstaben eingeschlichen. Finde die Fehler und du erhältst das Lösungswort.

„Die Männer vgehen an den großen Schauefenstern der Kaufhäuser vorbeir, während fLukas, Lena und Paul ihneon mit sicherem Abstanld folgen. Vor einem Elektrofachgeschäft bleiben dieg Männer kurz stehen und begutachteun die Auslage. Sie scheinen sich für einen großen Flachbildfernseher zu interessiergen.“

LÖSUNG:

_ _ _ _ _ _ _ _ _

Lösung siehe S. 148

14. Dezember

Auf ein Neues

Als Lukas am nächsten Tag aus der Schule kommt, erwartet ihn eine Überraschung.

„Du hier?", wundert sich Lukas, als er seine Mutter in der Küche entdeckt, und freut sich riesig.

„Hallo, mein Großer", begrüßt sie ihn lachend und drückt ihn einmal zärtlich. „Papa ist kurz in den Verlag gefahren. Es geht um einen großen Buchauftrag, den er bekommen soll", erklärt sie ihm dann. „Wenn er wieder da ist, fahre ich zurück in den Dienst. Aber bis dahin machen wir es uns gemütlich und essen lecker. Es gibt Schnitzel und Bratkartoffeln."

Lukas' Augen leuchten. „Klingt super!"

„Und es ist auch gleich fertig. Du kannst schon mal Lena Bescheid sagen", bittet seine Mutter. „Sie ist in ihrem Zimmer."

„Mach ich!", meint Lukas und ist auch schon aus der Küche verschwunden.

„Aber anklopfen", ruft ihm seine Mutter hinterher.

„Ja, schon klar!" Lukas verdreht die Augen. Schließlich will er seine Schwester nicht wieder bei ihren Weihnachtsbasteleien stören.

Da öffnet sich die Zimmertür und Lena taucht im Rahmen auf.

„Ich hab schon auf dich gewartet", sagt sie geheimnisvoll und zieht ihren Bruder in ihr Zimmer.

„Was gibt es denn so Spannendes?", fragt Lukas lachend.

Lenas Augen beginnen zu funkeln „Ich weiß jetzt, wo wir unsere Tüten finden", verkündet sie dann.

„Was?" Lukas fallen vor lauter Überraschung fast die Augen aus dem Kopf.

„In der Reinigung um die Ecke", antwortet Lena grinsend.

„Und da bist du dir ganz sicher?"

Lena nickt heftig. „Als Mama und ich vorhin vom Kindergarten kamen, haben wir dort noch schnell zwei Hosen von Papa abgeholt – und die steckten in einer Tüte mit blauen Blubberblasen. Die Tropfen sind nämlich gar keine. Warte, ich zeige es dir."

Lena läuft zu ihrem Tisch und holt eine Tüte, die genauso aussieht wie die aus der Kirche.

„Das … gibt … es … doch … gar … nicht!", stammelt Lukas völlig perplex.

„In der Schublade neben unserem Küchenherd sind sogar noch mehr davon", erzählt Lena jetzt. „Papa bewahrt doch immer alle Plastiktüten auf, die er bekommt, damit man sie mindestens noch einmal benutzen kann. Du weißt schon, wegen der Umwelt und so."

„Lena, du bist spitze!", sagt Lukas begeistert und knufft seine Schwester übermütig in die Seite.

Lena strahlt.

„He, ihr zwei, kommt ihr?", ruft ihre Mutter aus der Küche. „Das Essen wird kalt."

Die beiden flitzen los und sitzen wenig später gut gelaunt vor dampfenden Bratkartoffeln und Schnitzel.

„Lecker!" Lukas langt kräftig zu. „Können wir gleich auch noch Kekse backen?", fragt er dann mit vollem Mund.

Doch seine Mutter schüttelt den Kopf. „Dafür ist die Zeit leider viel zu knapp. Papa kommt sicher jeden Augenblick zurück."

„Schade!"

„Ja, das finde ich auch!", sagt seine Mutter und seufzt, als sie die enttäuschten Gesichter von Lukas und Lena sieht. „Aber aufgeschoben ist nicht aufgehoben", meint sie dann zuversichtlich. „Wir holen es nach, versprochen!"

Rätsel

Richtig oder falsch?

1. Am nächsten Tag wird Lukas nach der Schule von seiner Mutter überrascht.

   richtig   falsch

2. Sie hat Spaghetti gekocht.

   richtig   falsch

3. Lena verbietet Lukas, in ihr Zimmer zu kommen.

   richtig   falsch

4. Lena und ihre Mutter haben bei einer Reinigung zwei Hosen abgeholt.

   richtig   falsch

5. Auf der Tüte aus der Reinigung sind blaue Kreise.

   richtig   falsch

6. Lukas möchte nach dem Essen noch Kuchen backen.

   richtig   falsch

Lösung siehe S. 149

15. Dezember

🌲 noch 9 Tage bis Weihnachten 🌲

Erste Hinweise

Wenig später kommt Lukas' Vater von seinem Termin zurück und Mama macht sich fertig für den Dienst. Lukas hockt neben Lena auf dem Boden in ihrem Zimmer. Gemeinsam basteln sie aus Pappe und Goldfolie Flügel für Lenas Engelskostüm.

„Sollen wir Mama nicht noch schnell erzählen, was wir wissen, bevor sie zur Arbeit geht?", fragt Lena.

„Lieber nicht!", sagt Lukas und schüttelt den Kopf. „Wir brauchen erst Beweise. Wir wissen ja noch gar nicht, ob die Verbrecher ihre neuen Klamotten wirklich aus der Reinigung haben. Vielleicht haben sie die Tüten auch irgendwo gefunden und ihre alten Sachen reingestopft, weil es gerade praktisch war."

„Meinst du wirklich?", fragt Lena erschrocken.

Lukas zuckt mit den Schultern. „Ich hoffe natürlich, dass es nicht so ist", antwortet er ehrlich. „Aber ich will auch nicht noch einmal so einen Reinfall erleben wie gestern. Dieses Mal warte ich ab, bis wir ganz genau wissen, dass wir auf der richtigen Spur sind."

„Du warst super enttäuscht, stimmt's?", vermutet Lena.

Lukas nickt. „Deshalb werden wir jetzt erst mal ermitteln."

„Wie das klingt", kichert Lena. „Als wären wir richtige Detektive."

„Sind wir doch auch", sagt Lukas.

„Okay, und wo fangen wir an, Herr Meisterdetektiv?"

„Also, zunächst holen wir mal Paul ab und danach sehen wir uns die Reinigung einmal genauer an", schlägt Lukas vor.

Da klopft es und seine Mutter steckt ihren Kopf zur Tür herein.

„Tschüss, ihr beiden. Ich bin dann weg!"

„Mama, dürfen Lena und ich gleich zu Paul rübergehen?", fragt Lukas schnell.

„Klar, habt einen schönen Tag", sagt seine Mutter und drückt zuerst ihn und dann Lena einmal ganz fest. „Heute Abend wird es leider wieder spät. Aber morgen frühstücken wir gemütlich zusammen. Ich habe Spätdienst." Dann ist sie auch schon verschwunden.

„Stimmt ja, morgen ist Samstag", freut sich Lukas. „Keine Schule, länger schlafen, alle haben Zeit …"

„Und es ist Krippenspielprobe!", ruft Lena. „Dann kann ich meine tollen Flügel gleich ausprobieren."

Die beiden schlüpfen schnell in Stiefel und Anorak und laufen los, die Kastanienstraße hinunter und an der Reinigung vorbei. Lukas wirft einen flüchtigen Blick auf das Schaufenster. „Klara Krüger" steht dort in weiß-milchiger Schrift und darunter in großen Buchstaben „Reinigung".

„Und da sind auch wieder diese Blubberblasen, gleich neben dem komischen Wort", sagt Lena.

Lukas nickt. „Los, komm! Paul wird Augen machen, wenn er erfährt, was wir herausgefunden haben!"

 ## Rätsel

Buchstabensalat: Hier haben sich fünf Begriffe versteckt. Findest du sie? Die Wörter können vorwärts und rückwärts und sowohl waagrecht als auch senkrecht verlaufen.

Suche die folgenden Wörter: Goldfolie, Reinigung, Detektive, Anorak, Stiefel

I	A	E	P	G	T	W	L	V	K	T	E
G	S	N	U	A	O	P	Y	R	I	U	V
O	G	N	U	G	I	N	I	E	R	L	I
L	I	S	H	Y	R	I	A	M	L	V	T
D	K	O	E	M	U	G	F	V	S	K	K
F	L	B	S	T	I	E	F	E	L	A	E
O	A	L	I	K	F	S	Z	O	L	N	T
L	N	E	D	T	S	M	B	I	E	W	E
I	O	N	A	S	M	T	F	A	K	O	D
E	T	D	S	K	A	R	O	N	A	B	U

Lösung siehe S. 149

16. Dezember

🎄 noch 8 Tage bis Weihnachten 🎄

Vor verschlossener Tür

Lukas und Lena flitzen in den Eichelweg und stehen auch schon vor Pauls Haustür. Lukas klingelt Sturm.

„He, ich bin doch kein Rennauto", beschwert sich Paul lachend, als er öffnet. „Na, dann kommt mal rein."

„Nee, du kommst raus", meint Lukas grinsend und erzählt seinem Freund in wenigen Sätzen, was sie vorhaben.

„Echt oberspitzenklasse, dass du die Tüte wiedererkannt hast!", lobt Paul am Ende und nickt Lena anerkennend zu. Lena strahlt wie ein Honigkuchenpferd.

„Wartet, ich sag fix meiner Oma Bescheid und hole meine Jacke", sagt Paul und verschwindet im Haus.

„Beeil dich", will Lukas ihm noch hinterherrufen, doch da ist Paul auch schon verschwunden.

„Fertig! Jetzt kann es losgehen", meint er kurz darauf und seine Augen funkeln vor Vorfreude. „Ich bin echt gespannt, was wir herausfinden."

Die drei rennen den kurzen Weg bis zur Reinigung. Dort angekommen, entdecken sie einen Zettel an der Ladentür.

„Aus betriebsbedingten Gründen heute geschlossen! Wir hoffen auf ihr Verständnis", liest Paul vor.

„Das haben wir vorhin gar nicht bemerkt", stellt Lukas nachdenklich fest.

„Ist auch egal", findet Paul. „Wir können uns doch trotzdem ein wenig umschauen."

„Schon klar! Ich frage mich nur, warum die Reinigung heute geschlossen ist", überlegt Lukas. „Vielleicht ist es ja wegen der Ausbrecher und Frau Krüger ist ihre Komplizin. Klamotten hat sie ja genug."

„Jetzt geht aber die Fantasie mit dir durch", sagt Paul. „,Betriebsbedingte Gründe', das kann alles Mögliche heißen. Vielleicht sind die Waschmaschinen kaputt oder der Strom ist ausgefallen oder Frau Krüger ist krank oder …"

„Ich ergebe mich", unterbricht Lukas ihn und hebt lachend die Hände. „Du hast ja recht! Aber sag mal, wo ist eigentlich meine Schwester?" Er schaut sich suchend um. „Eben war sie doch noch hier. Lena?"

„Ich bin hier", kommt die Antwort aus einem kleinen Weg, der die Reinigung von der danebenliegenden Bäckerei trennt.

Lukas und Paul laufen zu ihr und stehen nun in einem Hinterhof. Auf der einen Seite befinden sich mehrere Garagen und ein Platz zum Wäscheaufhängen, auf der anderen die Rückseite des Hauses mit der Reinigung.

„Das da ist der Hinterausgang", stellt Lukas fest und zeigt auf eine grün lackierte Tür.

„Und das Fenster daneben ist …"

„… kaputt!", platzt es da aus Paul heraus. „Bestimmt haben die Verbrecher die Scheibe eingeschlagen und sind dann in die Reinigung eingestiegen", vermutet er weiter.

Lukas nickt. „Das glaube ich auch! Endlich sind wir auf der richtigen Spur."

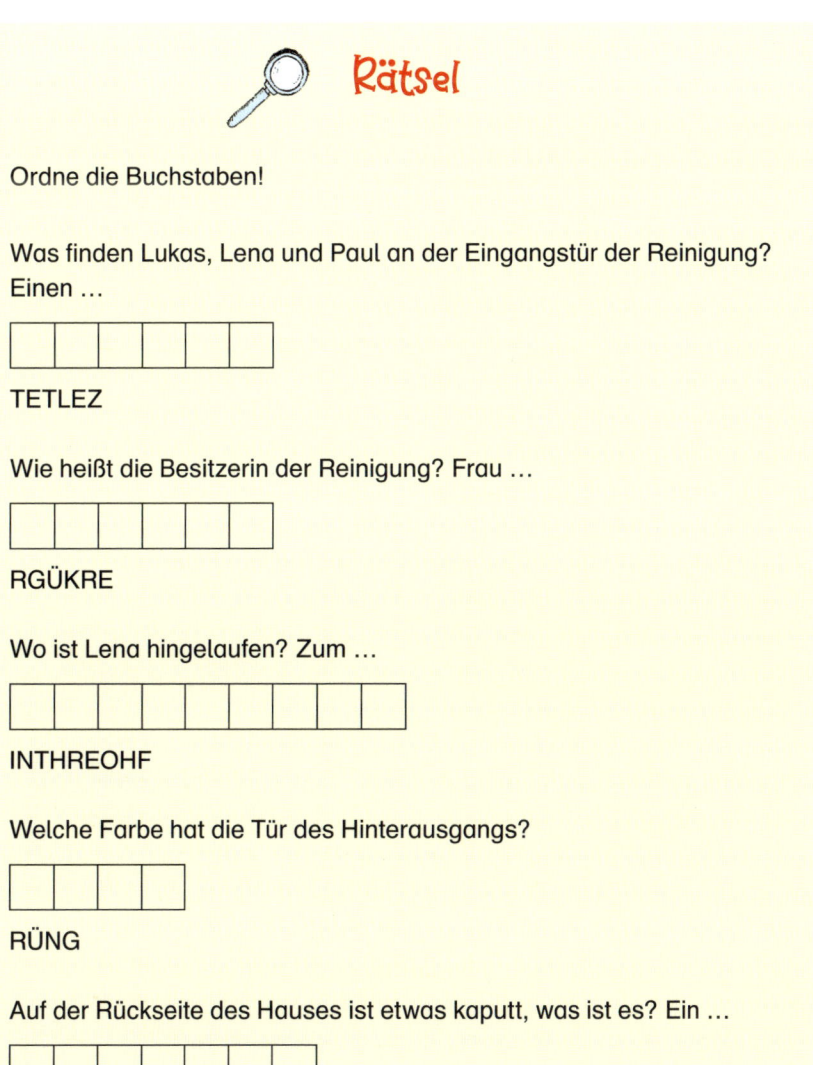

Rätsel

Ordne die Buchstaben!

Was finden Lukas, Lena und Paul an der Eingangstür der Reinigung?
Einen …

TETLEZ

Wie heißt die Besitzerin der Reinigung? Frau …

RGÜKRE

Wo ist Lena hingelaufen? Zum …

INTHREOHF

Welche Farbe hat die Tür des Hinterausgangs?

RÜNG

Auf der Rückseite des Hauses ist etwas kaputt, was ist es? Ein …

SNEFRET

Lösung siehe S. 149

17. Dezember

Klamottentausch

Lukas, Lena und Paul laufen zur Hauswand und nehmen das Fenster der Reinigung genauer unter die Lupe. Die Scheibe fehlt komplett. Stattdessen hat jemand eine Holzplatte behelfsmäßig eingebaut, um das entstandene Loch zu verschließen.

„Was macht ihr denn da?"

Die drei wirbeln herum. Vor ihnen steht eine Frau mit einem Korb voller Einkäufe in der Hand und mustert sie streng. „Los, kommt da weg! Sonst verletzt ihr euch an den Scherben, die dort noch überall auf dem Boden herumliegen."

Lukas, Lena und Paul gehorchen.

„Was ist denn da eigentlich passiert?", fragt Lukas wie beiläufig und deutet auf das kaputte Fenster.

„Irgendjemand hat die Scheibe eingeschlagen und ist in meine Reinigung eingebrochen", berichtet die Frau und schüttelt fassungslos den Kopf. „Als ob es bei mir etwas Wertvolles zu holen gebe. Ich besitze keine Wertsachen."

„Aber jede Menge Klamotten", sagt Paul. „Ich wette, die Einbrecher haben welche mitgenommen."

Die Frau zieht die Augenbrauen hoch und schaut erstaunt in die Runde. Dann nickt sie.

„Stimmt! Ihr könnt euch gar nicht vorstellen, was ich jetzt für einen Ärger bekomme, weil ich die Hosen, Jacken und Pullis nach der Reinigung nicht wieder an ihre Besitzer zurückgeben kann", erzählt sie niedergeschlagen.

„Das waren die Bankräuber!", platzt es da aus Lena heraus. „Ganz sicher!"

„Wie bitte?"

„Vor ein paar Tagen sind zwei Verbrecher aus dem Gefängnis geflohen", erklärt Lukas. „Und die beiden mussten ganz dringend ihre Gefängniskleidung loswerden, weil sie auf einem Foto in der Zeitung abgebildet war."

Frau Krüger stutzt und überlegt einen Moment. „Das, was ihr da sagt, klingt eigentlich gar nicht so dumm", stellt sie schließlich fest. „Im Gegenteil, das würde sogar ziemlich gut passen. Immerhin haben die Einbrecher ausschließlich Männersachen mitgehen lassen."

Lukas, Lena und Paul atmen erleichtert auf.

„Was wurde denn genau gestohlen?", fragt Lukas.

„Ein langer schwarzer Wollmantel, eine dunkelblaue Daunenjacke, gleich mehrere Jeanshosen und Pullover", antwortet Frau Krüger. „Einige davon sind richtig teure Stücke."

„Dann tragen die beiden Verbrecher nun also Mantel und Daunenjacke", schlussfolgert Paul.

„Das müssen wir unbedingt Mama erzählen", ruft Lena aufgeregt.

Frau Krüger schaut fragend in die Runde.

„Unsere Mutter ist bei der Polizei", erklärt Lukas. „Sie und ihre Kollegen suchen fieberhaft nach den Verbrechern."

„Verstehe! Aber die Polizei weiß auch schon Bescheid", berichtet Frau Krüger. „Ich haben den Diebstahl sofort gemeldet. Sonst zahlt meine Versicherung nicht und ich muss für den Schaden selbst aufkommen. Die beiden Beamten, die bei mir waren, haben die Ausbrecher allerdings mit keinem Wort erwähnt."

„Das dürfen sie auch nicht", meint Lukas sachkundig.

Rätsel

Lena hat sich ein kleines Rätsel ausgedacht. Kannst du es lösen?

1. Frau Krüger entdeckt die Kinder im Hof. Sie kommt vom …

E		N		A					N

2. In der Hand trägt sie einen …

		O		

3. Was ist mit der Fensterscheibe passiert? Sie wurde …

				G				C				A				N

4. Was wurde gestohlen? Hosen, Pullis und …

J				K			

5. Mit wem bekommt Frau Krüger Ärger, weil sie ihnen ihre Kleidung nicht zurückgeben kann? Mit den …

		S				Z				N

6. Die Verbrecher tragen jetzt eine Daunenjacke und einen …

		A					L	

LÖSUNGSWORT:

1	2	3	4	5	6	7	8

Lösung siehe S. 149

103

18. Dezember

Ein heißer Tipp

Heute ist Samstag und Lukas muss nicht in die Schule. Normalerweise genießt er es, wenn er an so einem Tag lange schlafen kann. Doch heute ist er schon früh wach. Seine Gedanken kreisen um die beiden Ausbrecher und wie er, Lena und Paul sie endlich finden können. Aber im Augenblick fehlt ihnen leider eine neue Spur. „Mal wieder!", stöhnt Lukas und quält sich schließlich aus dem Bett. Die Bankräuber haben ihre neuen Anziehsachen bei Frau Krüger geklaut und sind wieder untergetaucht. „Das hilft uns nicht weiter."

Niedergeschlagen schlurft Lukas durch den Flur Richtung Küche. Er braucht jetzt unbedingt einen warmen Kakao, um den dicken Kloß in seinem Hals hinunterzuspülen. Da hört er durch die angelehnte Tür, wie sich seine Eltern unterhalten. Es geht um die Suche nach den Verbrechern. Lukas bleibt stehen und lauscht gespannt.

„Stell dir vor, wir haben einen ganz heißen Tipp bekommen", erzählt Mama gerade. „Der alte Hans hat ihn uns gegeben."

„Ist das nicht der Bettler, der oft vor dem großen Kaufhaus am Markt sitzt und den Leuten für ein paar Cent einen schönen Tag wünscht?", hakt Papa nach.

„Ganz genau! Er will Brummer und Meise im Industriegebiet am anderen Ende der Stadt gesehen haben", antwortet Mama.

„Und ihr glaubt ihm?" Papa klingt skeptisch.

„Ja, schon! Das passt als Aufenthaltsort auch viel besser zu unseren damaligen Ermittlungen als der Weihnachtsmarkt. Wir gehen nämlich davon aus, dass sie die Beute vor ihrer Festnahme auf einem der Fabrikgelände versteckt haben."

„Warum denn ausgerechnet dort? Die Sparkasse, die sie überfallen haben, liegt mitten in der Stadt."

„Geschnappt haben wir sie aber am Stadtrand", sagt Mama. „In der Nähe einer Schuhfabrik, in der Eduard Meise mal als Aushilfe gearbeitet hat."

„Allerdings ohne das Geld", wirft Papa ein.

„Das Gelände eignet sich hervorragend als Versteck. Es ist unübersichtlich und weit verzweigt. Ohne einen Anhaltspunkt hatten wir keine Chance, die Beute dort zu finden", fährt Mama fort.

„Bis jetzt."

„Deshalb die Dienstbesprechung", vermutet Papa.

„Ganz genau! Wir werden die Schuhfabrik ab jetzt observieren und wenn die beiden dort auftauchen, heften wir uns an ihre Fersen. Am Ende haben wir dann beides, die Ausbrecher und das Geld. Ich leite den Einsatz."

„Und wenn sie das Geld längst geholt haben?"

„Unwahrscheinlich!", meint Mama. „Weil es vor knapp einem Jahr mehrere kleine Diebstähle gegeben hat, hat der Eigentümer an allen Ein- und Ausgängen der Fabrik Videokameras anbringen lassen. Wir haben uns die Überwachungsbänder der letzten Tage ganz genau angeschaut – keine Spur von Meise und Brummer."

Lukas kann kaum fassen, was er da eben gehört hat. Seine Mutter und ihre Kollegen werden sich auf die Lauer legen, sie werden die Verbrecher schnappen, die Beute finden – und das Weihnachtsfest ist gerettet. Wie cool ist das denn! Erleichtert schleicht Lukas zurück in sein Zimmer. Jetzt wird alles gut!

 Rätsel

Die Buchstaben neben den richtigen Antworten ergeben ein Krimi-Lösungswort:

1. Lukas ist am Samstag früh wach. Was möchte er trinken?

    B Einen warmen Kakao
    R Eine Tasse Tee
    S Ein Glas Milch

2. Vom wem hat die Polizei einen Tipp bekommen?

    U Vom alten Peter
    E Vom alten Hans
    A Von der alten Bärbel

3. Wo wurden die beiden Ausbrecher gesichtet?

    U Im Industriegebiet
    N Im Wohnviertel
    H Im Einkaufsviertel

4. Wo hat einer der Verbrecher als Aushilfe gearbeitet?

    L Im Supermarkt
    T In einer Schuhfabrik
    M In einer Schweißerei

5. Was hat der Besitzer des Geländes vor einem Jahr anbringen lassen?

    O Eine Alarmanlage
    P Bewegungsmelder
    E Überwachungskameras

LÖSUNGSWORT:

Lösung siehe S. 150

19. Dezember

🎄 noch 5 Tage bis Weihnachten 🎄

Das gibt es doch gar nicht!

Um kurz vor elf machen sich Lukas und Lena auf den Weg zur Kirche. Lena hat ihre selbst gebastelten Flügel dabei.

„Bist du dir sicher, dass du die heute schon brauchst?", fragt Lukas skeptisch.

Lena schüttelt den Kopf. „Nee, aber ich will sie unbedingt Mia zeigen. Sie sind doch so schön geworden!" Lachend dreht sie sich im Kreis und flattert mit den Flügeln.

„Die sind wirklich klasse!", findet Mia, als Lena sie ihr in der Kirche stolz präsentiert.

Da geht Mias Mutter nach vorne und bittet um Ruhe.

„Pfarrer Kanz liegt mit einer Erkältung im Bett", erklärt sie. „Deshalb hat er mich gebeten, heute die Probe zu übernehmen."

„Aber er ist Heiligabend doch wieder gesund?", erkundigt sich Lena ängstlich.

„Das wollen wir hoffen", antwortet Mias Mutter und zwinkert Lena aufmunternd zu.

Die kleinen Schauspieler nehmen ihre Plätze ein und der Erzähler spricht die ersten Sätze. Gleich danach ist auch schon Paul als Josef an der Reihe. Lukas hingegen hat noch etwas Zeit, die drei Könige kommen schließlich erst ganz zum Schluss. Er hockt neben seinen Königskollegen in der hintersten Bankreihe und wartet. Da sieht er, wie sich die kleine Nebentür auf der linken Seite der Kirche direkt unter der Orgelempore öffnet und zwei Männer hindurchschlüpfen. Vor Aufregung bleibt Lukas fast das Herz stehen. Der eine Mann trägt einen langen schwarzen Mantel, der ihm fast bis zu den Knöcheln reicht, während die dunkelblaue Daunenjacke seines Begleiters mindestens eine Nummer zu eng ist.

„Das gibt es doch nicht!", schießt es Lukas durch den Kopf. „Sind das da etwa die Bankräuber? Aber das kann doch gar nicht sein! Die sind doch am anderen Ende der Stadt und holen ihre Beute. Oder nicht?" Lukas ist total verwirrt. Die Hakennase des Mantelträgers könnte ebenfalls passen, eine Narbe ist bei dem schummrigen Licht unter der Orgel nicht zu erkennen. Aber Lukas sieht, wie die beiden auf leisen Sohlen die Treppe zur Orgel hinaufschleichen.

„Was mach ich denn jetzt?" Hilfesuchend schaut Lukas sich um. Außer ihm scheint jedoch niemand die beiden Männer bemerkt zu haben. Alle schauen gebannt nach vorne, wo gerade Lena als Engel ihr „Fürchtet euch nicht" ruft.

„Ich könnte Mias Mutter bitten, die Polizei zu rufen. Sie hat bestimmt ein Handy dabei. Dann würden Mama und ihre Kollegen kommen und nachsehen. Aber wenn ich mich irre und die Bankräuber in der Zeit das Geld aus der Schuhfabrik holen und abhauen, bin ich schuld. Es könnten ja auch zwei Orgelspieler sein, die nach der Krippenspielprobe noch ein bisschen Weihnachtslieder für das Fest üben wollen. Und geschlichen sind sie, weil sie uns nicht stören wollten …"

Da bekommt Lukas einen kräftigen Schubs.

„Hey, träumst du? Wir sind dran", beschwert sich der kleine König mit dem Weihrauchfass und schaut ihn fragend an.

Lukas springt auf und geht hinter dem Sternenträger nach vorne zur Krippe – und weiter bis zu Mias Mutter. Die hockt zwischen Emil und Oskar – dem Esel und dem Ochsen aus Pappmaschee – und hilft, wenn jemand seinen Text vergessen hat.

„Weißt du nicht, wie du anfangen musst?", fragt sie deshalb auch gleich und lächelt freundlich.

Lukas schüttelt den Kopf und überlegt kurz. „Ich bin mir nicht ganz sicher", flüstert er Mias Mutter dann ins Ohr. „Aber ich glaube, die beiden Ausbrecher sind oben bei der Orgel."

Rätsel

Buchstabensalat: Hier haben sich fünf Begriffe versteckt. Findest du sie? Die Wörter können vorwärts und rückwärts und sowohl waagrecht als auch senkrecht verlaufen.

Suche die folgenden Wörter: Orgel, Pfarrer, Krippe, Handy, Geld

R	U	T	Z	K	O	A	F	L	I
P	I	Y	O	D	L	E	G	K	F
F	O	H	R	P	N	T	I	E	M
A	N	E	T	L	E	G	R	O	A
R	B	P	A	O	I	D	R	Y	H
R	I	P	S	P	F	Y	B	M	W
E	L	I	O	G	D	N	H	A	J
R	K	R	Y	H	A	N	D	Y	H
N	U	K	Z	D	J	G	X	F	R
E	F	F	T	N	O	P	O	N	K

Lösung siehe S. 150

20. Dezember

Erwischt!

Mit wenigen Sätzen berichtet Lukas von den beiden Männern, die die Orgelempore hinaufgeschlichen sind. Mias Mutter staunt nicht schlecht, reagiert aber sofort.

„Lukas geht es gerade nicht so gut", erklärt sie den anderen Darstellern schnell und das ist nicht einmal gelogen. Vor lauter Aufregung hat sich Lukas' Magen zu einem festen Klumpen zusammengezogen und tut nun richtig weh.

„Wir setzen uns kurz in eine Bank", fährt Mias Mutter fort. „Ihr könnt währenddessen aber weiterproben."

Sie geht mit Lukas durch den Mittelgang nach hinten. Paul und Lena laufen hinterher.

„Du bist wirklich ganz schön blass um die Nasenspitze", meint Paul besorgt.

Lena nickt. „Ganz weiß bist du."

„Kein Wunder, bei dem, was ich gerade gesehen habe!", sagt Lukas leise und erzählt nun auch Lena und Paul, was er beobachtet hat.

Lena bleibt vor Schreck der Mund offen stehen.

„Das gibt es doch gar nicht!", murmelt Paul. „Ich habe nichts davon mitbekommen!"

„Und du bist dir ganz sicher?", hakt Mias Mutter nach.

„Nee, eben nicht!", erklärt Lukas verzweifelt.

Mias Mutter überlegt einen Augenblick. „Trotzdem rufen wir jetzt deine Mutter an", entscheidet sie schließlich. „Wenn du dich irrst, ist das bestimmt kein Beinbruch. Aber solltest du recht haben, brauchen wir hier ganz dringend Hilfe."

Sie holt ihr Handy aus der Tasche und wählt.

„Mama, wir können hier ohne Josef und den Engel nicht weitermachen", beschwert sich Mia da.

„Schon gut, wir kommen", antwortet Paul schnell und nickt Lena aufmunternd zu.

„Aber ich kann doch jetzt nicht spielen", jammert sie.

„Nur so lange, bis deine Mutter da ist", raunt Paul ihr zu. „Die anderen sollen doch nichts merken. Komm, du schaffst das!"

Lena holt einmal tief Luft. „Okay, ich versuch's", seufzt sie dann. „Hoffentlich kommt Mama bald."

Tatsächlich dauert es keine fünf Minuten und vier Polizisten stürmen in die Kirche und die Treppe zur Orgelempore hinauf. Jetzt geht alles sehr schnell. Von unten hört man zwei Männer laut fluchen. Es poltert und rumst ein paarmal, so, als würde jemand mit Stühlen kegeln. Da kommen die Beamten auch schon wieder nach unten. In ihrer Mitte führen sie zwei Männer, beide mit Handschellen gefesselt. Nun kann Lukas auch ihre Gesichter erkennen. Die beiden sehen ziemlich wütend aus – und es sind eindeutig die entflohenen Verbrecher. Lukas fällt ein ganzer Berg Steine vom Herzen. Er hat sich nicht getäuscht!

Langsam löst sich auch bei Paul und Lena die Anspannung. Bis jetzt sind sie auf ihren Positionen als Josef und Verkündigungsengel geblieben und haben abgewartet. Doch nun hält es sie nicht mehr auf ihren Plätzen. Gemeinsam mit allen anderen Kindern stürmen sie zu Lukas und Mias Mutter in die Kirchenbank.

„Klasse gemacht, Mann!", ruft Paul und klopft seinem Freund anerkennend auf die Schulter.

Lena schnappt sich Lukas' Hand und drückt sie ganz fest. Dabei schaut sie sich suchend um. „Wo ist Mama?"

 **Rätsel**

Richtig oder falsch?

1. Lukas fühlt sich blendend.

   richtig   falsch

2. Lukas ist sich ganz sicher, dass die beiden Ausbrecher zur Orgel hinaufgeschlichen sind.

   richtig   falsch

3. Mias Mutter ruft Lukas' Mutter an.

   richtig   falsch

4. Die Polizei kann beide Männer festnehmen.

   richtig   falsch

5. Sie sind mit Seilen gefesselt.

   richtig   falsch

Lösung siehe S. 150

21. Dezember

Wo steckt die Beute?

Lena hält immer noch Lukas' Hand, als drei Polizisten die beiden Bankräuber aus der Kirche führen. Der vierte unterhält sich währenddessen kurz mit Mias Mutter und wendet sich danach an Lukas und Lena.

„Ihr seid die Kinder von Hauptkommissarin Bergmann, richtig?"
Lukas und Lena nicken.

„Ich bin Herr Carstens, ein Kollege eurer Mutter", stellt er sich freundlich vor und gibt erst Lena und dann Lukas die Hand. „Ich soll euch schön grüßen und euch ausrichten, dass sie auf dem schnellsten Wege hier zu euch in die Kirche kommt. Das wird allerdings noch ein bisschen dauern, sie muss erst noch durch die halbe Stadt."

„Klar, sie war ja auch im Industriegebiet", sagt Lukas.

Herr Carstens stutzt einen Moment, doch dann schmunzelt er. „Du bist aber gut informiert", meint er mit einem Augenzwinkern. „Jedenfalls hat sie uns gleich über Funk Bescheid gesagt, als euer Anruf kam", fährt er fort. „Wir vier hatten heute Dienst auf dem Weihnachtsmarkt, während alle anderen verfügbaren Einsatzkräfte bei deiner Mutter am Stadtrand waren."

„Was passiert jetzt mit den Verbrechern?", will Lena wissen.

„Die bringen wir erst mal zur Wache und spätestens heute Abend sitzen sie wieder im Gefängnis", antwortet Herr Carstens.

„Juhu!", jubelt Lena und auch Lukas strahlt über das ganze Gesicht. Sie haben es wirklich geschafft und die Ausbrecher gefunden, ihre Mutter muss keine Überstunden machen und sie können alle zusammen Weihnachten feiern! Die beiden können ihr Glück kaum fassen.

„Ich frage mich schon die ganze Zeit, was die Verbrecher oben bei der Orgel eigentlich wollten?", meint Paul da nachdenklich.

Herr Carstens nickt. „Das würde uns allerdings auch interessieren. Es muss etwas extrem Wichtiges gewesen sein, sonst wären sie das Risiko bestimmt nicht eingegangen. Mit dem einzigen Zugang über eine Treppe hockt man da oben schließlich wie in einer Mausefalle. Deshalb konnten wir sie auch so leicht festnehmen."

„Die Beute!", platzt es aus Paul heraus.

„Genau das hatten wir auch zunächst gedacht und uns bereits umgeschaut. Wir haben aber nichts gefunden", erklärt Herr Carstens. „Dort oben stehen außer der Orgel nur ein paar Stühle und groß ist die Empore auch nicht."

„Vielleicht haben die Bankräuber das Geld ja in eine der riesigen Pfeifen gesteckt", überlegt Lena.

„Damit es dann Scheine regnet, wenn jemand ‚O du fröhliche'
spielt", sagt Paul und grinst breit. „Nee, mal im Ernst. Wie sollen
die Typen die Beute denn da reinbekommen haben? Da braucht
man ja eine meterlange Leiter, um oben an die Öffnung zu kommen. Und das alles nur, um am Ende ein Musikinstrument zu ver-
stopfen? Das würde doch sofort auffallen."

„Der Stimmgang", meint Mias Mutter da und schnappt nach Luft.
„Die großen Pfeifen werden nur alle fünf Jahre gestimmt. Das letz-
te Mal war das vor etwa drei Jahren. Seitdem war niemand aus der
Gemeinde mehr in dem Gang."

„Man kann in ihn hineinklettern?", staunt Lukas.

„Ganz bequem sogar", antwortet Mias Mutter. „Er befindet sich
direkt hinter den Pfeifen und ist nur mit einer einfachen, kleinen
Holztür verschlossen. Die beiden Ausbrecher hätten also unbemerkt …"

„… die Beute dort verstecken können", vollendet Lukas den Satz.
„Wie krass ist das denn!"

 **Rätsel**

Lukas, Lena und Paul haben sich ein kleines Rätsel ausgedacht. Kannst du es lösen?

1. Wie heißt der Polizist, der sich mit den drei Kindern unterhält? Herr …

7		A		S			N	4

2. Wie viele Polizisten hatten Dienst auf dem Weihnachtsmarkt und konnten daher schnell in die Kirche kommen?

1		E	

3. Wo ist Lukas' Mutter? Im …

		D		T	3	I		G			E	5

4. Die Orgel ist ein großes …

M			8	I				U	2		T

5. Lena überlegt, ob die Bankräuber ihre Beute in einen Teil der Orgel gesteckt haben. Was glaubt sie, wohinein genau? In eine …

	F	6			E	

LÖSUNGSWORT:

1	2	3	4	5	6	7	8

Lösung siehe S. 150

127

22. Dezember

🌲 noch 2 Tage bis Weihnachten 🌲

Ein großartiger Fund

Lukas, Lena und Paul dürfen Herrn Carstens auf die Empore begleiten, während alle anderen erst mal unten im Kirchenraum warten müssen.

„Bisher habe ich noch nicht einmal gewusst, dass es so etwas wie einen Stimmgang bei einer Orgel gibt", lacht der Polizist, während er die Holztür öffnet.

„Wir auch nicht", sagt Paul grinsend.

„Aber unsere beiden Ausbrecher schon", stellt Lukas verwundert fast.

„Ja, das ist schon irgendwie komisch", meint auch Herr Carstens und verschwindet im Stimmgang.

Lena hüpft ungeduldig von einem Bein auf das andere. „Mensch, ist das spannend!"

Lukas und Paul nicken.

Da taucht der Polizist auch schon wieder auf. In der Hand hält er eine schwarze Sporttasche.

„Tada! Dann schauen wir mal, was wir gefunden haben", erklärt er fröhlich und öffnet den Reißverschluss.

„Die Beute!" – „Lauter Scheine!" – „Und so viele!" – Lukas, Lena und Paul jubeln los.

„Und ihr seid die besten Juniordetektive, die ich kenne", lobt Herr Carstens.

„Na, das will ich meinen!"

Die drei wirbeln herum. Hinter ihnen steht Lukas' und Lenas Mutter.

„Mama!", ruft Lena begeistert und wirft sich in ihre Arme.

„Mein Schatz!" Lenas Mutter drückt ihrer Tochter einen zärtlichen Kuss aufs Haar. „Ihr könnt euch gar nicht vorstellen, was für eine Angst ich um euch hatte", sagt sie und wuschelt erst Lukas, dann Paul durchs Haar. „Ihr zusammen mit den Verbrechern in der Kirche, ein Albtraum!"

„Ach, ist doch alles gut gegangen", winkt Lukas lässig ab. „Wir haben sogar die Beute gefunden."

„In einem Stimmungsgang", erklärt Lena.

„Stimmgang", berichtigt Lukas. „Ohne ‚ungs'."

„Was es nicht alles gibt", wundert sich ihre Mutter lachend und ihre Augen leuchten vor Erleichterung darüber, dass keinem etwas passiert ist. „Aber nun rufe ich erst mal Papa an, damit er euch drei abholt. Ich muss mit den Kollegen nämlich gleich erst mal auf die Wache. Dort kümmern wir uns dann darum, dass die beiden Verbrecher ganz schnell wieder in ihre Zellen kommen."

„Kann Papa mit uns auch auf den Weihnachtsmarkt gehen?", bettelt Lena. „Ich möchte einen Crêpe mit Schokosauce und Mandeln und ein Lebkuchenherz …"

„Du bist aber hungrig", staunt ihre Mutter schmunzelnd.

Lena nickt heftig. „Ich könnte einen ganzen Bären aufessen."

„Also, ich könnte jetzt auch etwas vertragen", sagt Lukas und reibt sich den Bauch.

„Oh ja, Bratwurst mit Pommes und Ketchup wären super", findet auch Paul.

„Okay, ich sage Papa, er soll sich beeilen", meint Lenas und Lukas' Mutter nun lachend. „Sonst verhungert ihr mir noch."

 **Rätsel**

Die Buchstaben neben den richtigen Antworten ergeben ein
adventliches Lösungswort:

1. Wohin dürfen Lena, Lukas und Paul Herrn Carstens begleiten?
    S   Auf die Wache
    R   Zum Industriegebiet
    C   Auf die Empore

2. Wo haben die Verbrecher ihre Beute versteckt?
    A   Unter den Stühlen auf der Empore
    R   Im Stimmgang der Orgel
    D   In einer Pfeife der Orgel

3. Herr Carstens findet dort tatsächlich etwas. Nämlich …
    F   Einen Turnbeutel
    L   Einen Aktenkoffer
    Ê   Eine Sporttasche

4. Kurz darauf kommt jemand zu den Kindern auf die Empore. Es ist …
    P   Lukas' und Lenas Mutter
    I   Pauls Vater
    T   Einer der Bankräuber

5. Was wollen die Kinder im Anschluss mit Lenas und Lukas' Vater
    besuchen?
    E   Den Weihnachtsmarkt
    G   Das Kino
    U   Das Schwimmbad

LÖSUNGSWORT:

Lösung siehe S. 151

23. Dezember

Ganz schön gerissen!

Als Paul am kommenden Nachmittag Lukas und Lena besucht, sitzen die beiden mit ihrer Mutter am Küchentisch und basteln Strohsterne. Vor ihnen stehen drei große Becher mit dampfendem Kakao und ein Teller Plätzchen. Aus dem CD-Player kommt Weihnachtsmusik.

„Stell dir vor, der Vater von Brummer war Orgelbauer", berichtet Lukas sofort. „Er hat es gestern beim Verhör selbst erzählt."

„Verstehe!" Paul nickt. „Deshalb wusste er auch von dem Stimmgang."

„Hat ihm aber nicht viel genützt", sagt Lukas und grinst breit. „Er und sein Kumpel sitzen jedenfalls wieder in ihren Zellen im Gefängnis."

„Und wenn Mama den Papierkram erledigt hat, hat sie bis Neujahr Urlaub", ergänzt Lena glücklich. „Wir können also alle zusammen Weihnachten feiern!"

„Toll!" Paul freut sich richtig für seine Freunde. „Das habt ihr aber auch verdient!"

„Danke!" Lukas versetzt es einen leichten Stich, wenn er daran denkt, dass Paul ohne seinen Vater Heiligabend feiern wird.

„Da müsste man doch etwas tun können", überlegt er. „Immerhin spielt Paul in diesem Jahr den Josef. Das muss sein Vater einfach sehen!"

Lukas' Mutter steht auf und bietet Paul ihren Platz an. „Komm, setz dich. Ich hole dir auch einen Kakao."

„Hast du deinem Vater eigentlich schon von unserem Krippenspiel erzählt?", fragt Lukas beiläufig.

Paul schüttelt den Kopf. „Ist besser, wenn er es nicht weiß", erklärt er traurig.

„Was? Warum das denn?", fragt Lukas verblüfft.

„Weil er dann bestimmt in die Kirche kommen würde, um zuzuschauen", antwortet Paul.

Jetzt versteht Lukas die Welt nicht mehr. „Ja, soll er das denn nicht?"

Paul zuckt mit den Schultern. „Eigentlich schon! Aber wenn meine Eltern sich sehen, gibt es immer Krach", erzählt er und seufzt. „Dann werden sie manchmal richtig laut und schreien sich an."

„Das ist nicht schön!", sagt Lena mitfühlend.

„Nee, gar nicht", bestätigt Paul. „Deshalb ist es auch besser, dass wir Weihnachten nicht zusammen feiern."

„Verstehe", murmelt Lukas nachdenklich. „Schade!"

„Ach, man gewöhnt sich dran", sagt Paul lässig, aber Lukas spürt ganz deutlich, dass sein Freund traurig ist.

„Ihr glaubt nicht, was wir gestern beim Verhör der Verbrecher noch erfahren haben", wechselt Lukas' und Lenas Mutter schnell das Thema.

Es klappt! Die drei sind sofort abgelenkt.

„Was denn?", fragt Lena neugierig.

„Die beiden haben uns doch tatsächlich reingelegt", berichtet ihre Mutter. „Die Spur mit der Schuhfabrik haben sie selbst gelegt. Sie haben dem alten Hans einen Teil der Beute versprochen, damit er ihnen hilft und bei uns eine Falschaussage macht."

„Echt?"

„Krass!"

Ihre Mutter nickt. „Sie haben uns übrigens schon damals nach dem Banküberfall ganz schön an der Nase herumgeführt", erzählt sie weiter. „Als sie bemerkt haben, wie dicht wir ihnen auf den

Fersen waren, haben sie die Beute versteckt und sind erst danach in Richtung Industriegelände abgehauen. Sie hatten gehofft, dass sie, verborgen in einem der zahlreichen Lkws, von dort aus die Stadt unbemerkt verlassen könnten. Aber wir waren schneller und haben sie vorher geschnappt."

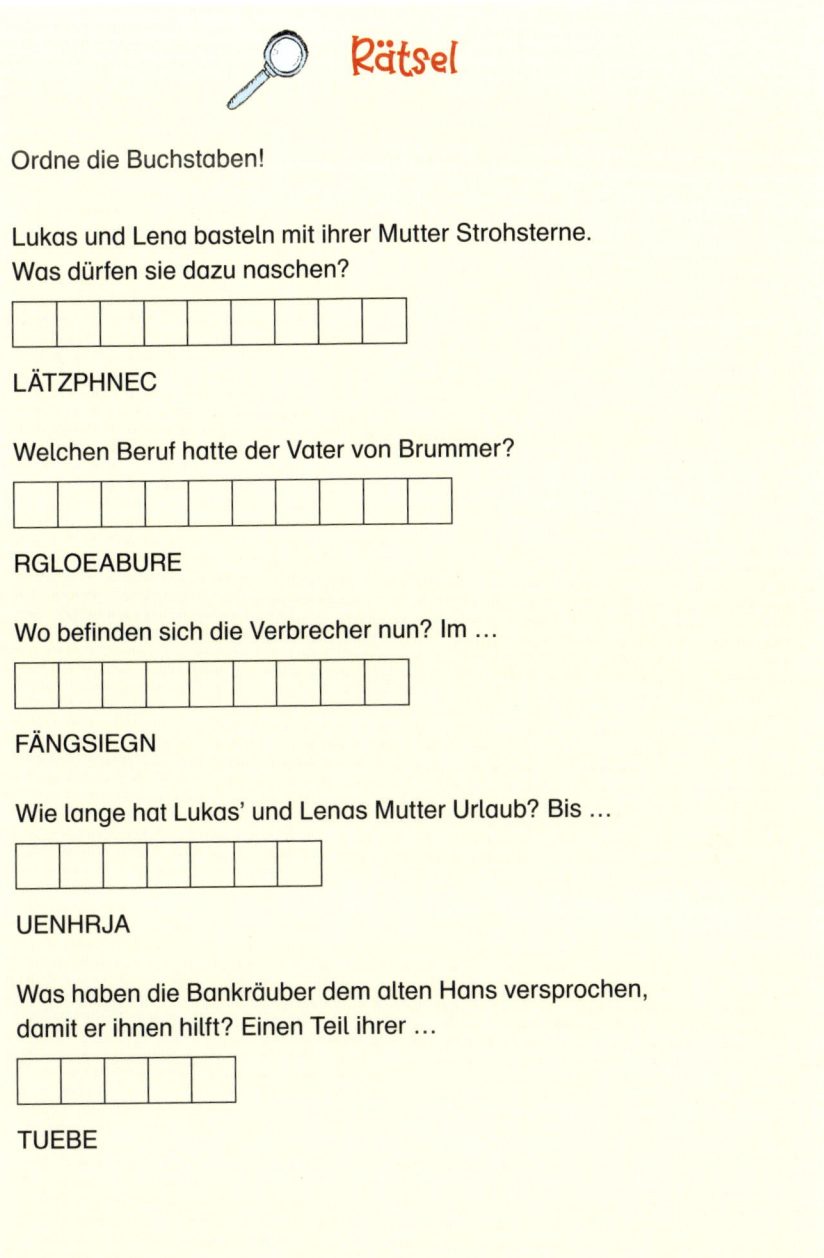

Rätsel

Ordne die Buchstaben!

Lukas und Lena basteln mit ihrer Mutter Strohsterne.
Was dürfen sie dazu naschen?

┌──┬──┬──┬──┬──┬──┬──┬──┬──┐
│ │ │ │ │ │ │ │ │ │
└──┴──┴──┴──┴──┴──┴──┴──┴──┘

LÄTZPHNEC

Welchen Beruf hatte der Vater von Brummer?

┌──┬──┬──┬──┬──┬──┬──┬──┬──┐
│ │ │ │ │ │ │ │ │ │
└──┴──┴──┴──┴──┴──┴──┴──┴──┘

RGLOEABURE

Wo befinden sich die Verbrecher nun? Im …

┌──┬──┬──┬──┬──┬──┬──┬──┬──┐
│ │ │ │ │ │ │ │ │ │
└──┴──┴──┴──┴──┴──┴──┴──┴──┘

FÄNGSIEGN

Wie lange hat Lukas' und Lenas Mutter Urlaub? Bis …

┌──┬──┬──┬──┬──┬──┬──┐
│ │ │ │ │ │ │ │
└──┴──┴──┴──┴──┴──┴──┘

UENHRJA

Was haben die Bankräuber dem alten Hans versprochen,
damit er ihnen hilft? Einen Teil ihrer …

┌──┬──┬──┬──┬──┬──┐
│ │ │ │ │ │ │
└──┴──┴──┴──┴──┴──┘

TUEBE

Lösung siehe S. 151

24. Dezember

🎄 heute ist Heiligabend 🎄

Eine Überraschung für Paul

Lukas, Lena und Paul sitzen immer noch am Küchentisch und lassen sich Kakao und Kekse schmecken. Dabei können sie immer noch nicht fassen, dass sie die Ausbrecher wirklich gefunden haben – und die Beute.

„Warum haben die beiden Verbrecher die eigentlich nicht gleich mitgenommen?", wundert sich Lukas.

„Weil sie schrecklich gerissen sind", meint seine Mutter. „Sie haben schon damit gerechnet, dass die Flucht schiefgehen könnte. In dem Fall wäre dann auch die Beute futsch gewesen. So aber war das Geld sicher versteckt und die Verbrecher haben nur noch auf eine passende Gelegenheit warten müssen."

„Sie sind ausgebrochen und wollten es sich holen. Doch weil immer so viele Polizisten in der Nähe der Kirche im Einsatz waren, mussten sie sich etwas einfallen lassen", schlussfolgert Lukas. „Ein Ablenkungsmanöver."

„So ist es!", sagt seine Mutter. „Und das hätte auch fast geklappt, wenn ihr nicht so aufmerksam gewesen wärt."

Lukas, Lena und Paul strahlen um die Wette.

Und dann ist es endlich so weit – es ist Heiligabend! Im Wohnzimmer schmücken Lukas und Lena zusammen mit ihren Eltern den Weihnachtsbaum. Sie hängen ihre selbst gebastelten Strohsterne zwischen leuchtend rote Kugeln und kleine Holzfiguren. Zum Schluss schließt ihr Vater noch die Lichterketten an.

„Schön!", freut sich Lena und ihre Augen leuchten.

„Das finde ich auch!", sagt Mama und drückt erst Lena und dann

Lukas fest an sich. „Ihr glaubt gar nicht, wie froh ich bin, dass wir nun alle zusammen Weihnachten feiern können."

„Na, und ich erst", meint Papa lachend.

„Meinst du, die Überraschung für Paul klappt?", fragt Lukas.

Mama nickt. „Ganz bestimmt! Ich habe zuerst lange mit Pauls Mutter geredet, dann sind wir zusammen zu ihrem Vater gefahren. Beide haben mir versprochen, dass sie versuchen werden, nicht mehr vor Paul zu streiten – vor allem an Weihnachten!"

„Das heißt, Pauls Vater kommt zum Krippenspiel?", hakt Lena nach.

„Er kommt!", bestätigt Mama und zwinkert ihren beiden Kindern verschwörerisch zu.

„Juhu!"

Lena fasst Lukas bei den Händen und beide tanzen jubelnd durch die Wohnung.

Schließlich ist es Zeit für die Kirche. Lena schlüpft in ihr weißes Engelskleid und nimmt die Flügel, während Lukas die alte Lederjacke seines Vaters überzieht. Dann machen sie sich alle zusammen auf den Weg.

Als sie in der Kirche ankommen, ist diese bereits gut gefüllt. Suchend schaut sich Lukas um.

„Wo ist Paul? Siehst du ihn irgendwo?", fragt er aufgeregt.

Lena nickt und zeigt auf eine Bank links vom Altar. Jetzt hat auch Paul die beiden entdeckt und kommt angelaufen.

„Mein Vater ist da!", ruft er glücklich und knufft Lukas übermütig in die Seite. „Das habt ihr super gemacht, du und deine Mutter!"

„Gern geschehen", murmelt Lukas verlegen und wird rot. Er freut sich riesig für Paul. „Schließlich hast du mir und Lena ja auch geholfen. Nun wird es für uns alle ein supertolles Weihnachtsfest!"

„Das beste!", versichert Paul lachend.

In diesem Augenblick beginnt die Orgel zu spielen und die Kinder nehmen ihre Plätze ein. Paul hakt sich als Josef bei Maria ein und das Krippenspiel beginnt. Es klappt alles wie am Schnürchen. Kein Hirte verpasst seinen Einsatz, kein kleiner König stolpert über seinen Umhang und als am Ende alle „O du fröhliche" anstimmen, leuchten Lukas', Lenas und Pauls Augen so hell wie die Lichter am Weihnachtsbaum.

 Rätsel

In die folgenden Sätze haben sich einige zusätzliche Buchstaben eingeschlichen. Finde die Fehler und du erhältst die Lösung:

„In diesem Augenfblick beginnt die Orgel zu spielen und dier Kinder nehmoen ihre Plätze ein. Phaul hakt sich eals Josef bei Maria ein und wdas Krippenspiele beginnt. Es klapipt alles wieh am Schnürchen. Kein Hirten verpasst seinen Einsatz, keina kleiner König stoclpert über seinen Umhang und als am hEnde alle ‚O du fröhliche' anstimmen, leuchtent Lukas', Lenas und Paules Augen so hell wie die Lichtern am Weihnachtsbaum."

LÖSUNG:

— — — — —   — — — — — — — — — —

Lösung siehe S. 151

1. Dezember

LÖSUNGWORT: Kekse

Kriminalpolizei, Strohsterne, Zwei, Stadtsparkasse, Schriftsteller

2. Dezember

1. Falsch: Lukas Vater kocht an Weihnachten Gans mit Rotkohl und Klößen.
2. Richtig
3. Richtig
4. Falsch: Paul feiert Heiligabend mit seiner Mutter und seiner Oma und fährt am ersten Weihnachtstag zu seinem Vater.
5. Richtig

3. Dezember

A	E	F	I	T	H	V	B	J	O
I	H	B	U	J	M	A	N	E	L
R	C	D	W	S	A	K	N	M	P
H	R	B	K	D	N	I	B	P	S
A	I	W	Z	U	D	J	N	R	C
I	K	P	A	Z	E	F	F	O	S
L	O	I	D	V	L	A	Y	B	I
E	N	G	E	L	N	I	H	E	T
F	U	I	N	K	A	N	E	O	L

4. Dezember

LÖSUNG: Glitzersterne

„Wo nimmgt seine kleine Schwester nur immer ihre Ideeln her? Seine Mutter suchti so oft nach eintem Stück Papier, um schnell mal eztwas Wichtiges aufzuschreiben, vor allem daenn, wenn ein Kolleger von der Dienststeslle aus anruft. Nun hat site gleich einen ganzen Blocke, den sie sich nebren das Telenfon legen kann – und der sieht auch noch hüebsch aus."

5. Dezember

LÖSUNGSWORT: Bankraub

1. Verbrecherjagd
2. Zeitung
3. Vollbart
4. Narbe
5. Krippenspielprobe

6. Dezember

Weihnachtsmarkt, Artikel, Esel, Eltern, Josef

7. Dezember

1. Falsch: Lena und Paul sind überglücklich mit ihren Rollen als Josef und Engel. Lukas wollte bei dem Krippenspiel gar nicht mitspielen.
2. Falsch: Auf der Bühne singt ein Jugendchor.
3. Richtig
4. Falsch: Die Verbrecher wurden vor Ort auf dem Weihnachtsmarkt gesehen.
5. Richtig

8. Dezember

G	P	K	S	L	R	E	H	A	N	I
T	U	S	C	H	A	T	Z	H	E	E
A	L	I	T	S	U	M	P	J	G	E
B	E	U	D	H	N	K	A	S	U	C
S	I	E	Z	I	L	O	P	B	E	W
T	B	A	Y	M	W	L	O	P	Z	S
Q	Q	R	A	O	B	L	E	I	R	V
U	A	K	R	V	Q	E	W	G	I	U
W	D	F	B	K	R	G	Z	U	G	T
O	A	K	A	K	O	E	M	L	A	E
P	S	C	H	T	A	N	T	S	I	G

9. Dezember

LÖSUNG: Pferdekarussell

„In der pKirche herrscht fbereits reges Treiben. Auch Lenase Freundin Miar und ihre Mudtter sind schon dae. Lukas schaut sich suchkend um. Wo stecakt nur Praul? Pfarrer Kanz kann suchließlichs jedesn Augen-blicke kommeln und mit der Probel beginnen."

10. Dezember

LÖSUNGSWORT: Zimt

Hinter einer Figur mit einem Stab, Der Polizei, Gefängniskleidung, Die Bankräuber

11. Dezember

Angsthase, Hilfe, Kerzen, Ameisen, Altar

12. Dezember

LÖSUNGSWORT: Meisterdetektiv

1. Taschenlampe
2. Kleidung
3. Wassertropfen
4. Spur
5. Verdächtig

13. Dezember

LÖSUNG: Verfolgung

„Die Männer vgehen an den großen Schauefenstern der Kaufhäuser vorbeir, während fLukas, Lena und Paul ihneon mit sicherem Abstanld folgen. Vor einem Elektrofachgeschäft bleiben dieg Männer kurz stehen und begutachteun die Auslage. Sie scheinen sich für einen großßnen Flachbildfernseher zu interessiergen."

14. Dezember

1. Richtig
2. Falsch: Es gibt Schnitzel und Bratkartoffeln.
3. Falsch: Lena hat schon auf ihren Bruder gewartet und zieht Lukas in ihr Zimmer.
4. Richtig
5. Falsch: Auf der Tüte sind blaue Blubberblasen.
6. Falsch: Lukas möchte nach dem Essen noch Kekse backen.

15. Dezember

I	A	E	P	G	T	W	L	V	K	T	E
G	S	N	U	A	O	P	Y	R	I	U	V
O	G	N	U	G	I	N	I	E	R	L	I
L	I	S	H	Y	R	I	A	M	L	V	T
D	K	O	E	M	U	G	F	V	S	K	K
F	L	B	S	T	I	E	F	E	L	A	E
O	A	L	I	K	F	S	Z	O	L	N	T
L	N	E	D	T	S	M	B	I	E	W	E
I	O	N	A	S	M	T	F	A	K	O	D
E	T	D	S	K	A	R	O	N	A	B	U

16. Dezember

Zettel, Krüger, Hinterhof, Grün, Fenster

17. Dezember

LÖSUNGSWORT: Einbruch
1. Einkaufen
2. Korb
3. Eingeschlagen
4. Jacken
5. Besitzern
6. Mantel

18. Dezember

LÖSUNGSWORT: Beute

Einen warmen Kakao, Vom alten Hans, Im Industriegebiet, In einer Schuhfabrik, Überwachungskameras

19. Dezember

R	U	T	Z	K	O	A	F	L	I
P	I	Y	O	D	L	E	G	K	F
F	O	H	R	P	N	T	I	E	M
A	N	E	T	L	E	G	R	O	A
R	B	P	A	O	I	D	R	Y	H
R	I	P	S	P	F	Y	B	M	W
E	L	I	O	G	D	N	H	A	J
R	K	R	Y	H	A	N	D	Y	H
N	U	K	Z	D	J	G	X	F	R
E	F	F	T	N	O	P	O	N	K

20. Dezember

1. Falsch: Lukas hat vor Aufregung Magenschmerzen.
2. Falsch: Lukas ist sich nicht ganz sicher.
3. Richtig
4. Richtig
5. Falsch: Sie sind mit Handschellen gefesselt.

21. Dezember

LÖSUNGSWORT: Versteck

1. Carstens
2. Vier
3. Industriegebiet
4. Musikinstrument
5. Pfeife

22. Dezember

LÖSUNGSWORT: Crêpe
Auf die Empore, Im Stimmgang der Orgel, Eine Sporttasche, Lukas'
und Lenas Mutter, Den Weihnachtsmarkt

23. Dezember

Plätzchen, Orgelbauer, Gefängnis, Neujahr, Beute

24. Dezember

LÖSUNG: Frohe Weihnachten
„In diesem Augenfblick beginnt die Orgel zu spielen und dier Kinder
nehmoen ihre Plätze ein. Phaul hakt sich eals Josef bei Maria ein und
wdas Krippenspiele beginnt. Es klapipt alles wieh am Schnürchen.
Kein Hirten verpasst seinen Einsatz, keina kleiner König stoclpert über
seinen Umhang und als am hEnde alle ‚O du fröhliche' anstimmen,
leuchtent Lukas', Lenas und Paules Augen so hell wie die Lichtern am
Weihnachtsbaum."

Bibliografische Information der Deutschen Bibliothek
Die Deutsche Bibliothek verzeichnet diese Publikation in der
Deutschen Nationalbibliografie; detaillierte bibliografische Daten sind im Internet
unter http://dnb.ddb.de abrufbar.

1. Auflage 2024
©2024 Verlag Ernst Kaufmann GmbH, Alleestraße 2, 77933 Lahr
www.kaufmann-verlag.de

Druck und Bindung: Adverts

ISBN 978-3-7806-1824-5